# Manuel du MANGAKA

## Volume 1 — Les bases

Arnaud
Sogué Da Silva
Mélanie Erpelding
Alicia Kong
Julien Le Dain
Malcolm

PEARSON

Publié par Pearson Education France
47 bis, rue des Vinaigriers
75010 PARIS
Tél. : 01 72 74 90 00
www.pearson.fr

Réalisation : edito.biz

ISBN : 978-2-7440-9280-0

# Préface

Le manga représente aujourd'hui un enjeu culturel et économique majeur.

Dans le panorama mondial du manga, la France est (hors Japon) le premier marché, où il rivalise avec la bande dessinée franco-belge et les comics américains.

Avec sa fonction économique mais aussi culturelle, le manga s'inscrit pleinement dans l'histoire de l'art. Il est même possible de le faire débuter au XII<sup>e</sup> siècle, avec les *emakimono* (rouleaux de dessins), illustrant des dessins d'animaux anthropomorphiques. Ce mélange esthétique de modernité et de tradition, d'innovation narrative et graphique montre que le manga a su évoluer en permanence et s'adapter aux changements de la société jusqu'à devenir un miroir sociétal.

Ses origines populaires, sa vocation ludique et son format révèlent que la culture manga touche tous les âges et toutes les catégories de population.

Souhaitant prendre en charge et faire reconnaître pleinement ce statut culturel, Eurasiam, unique programme européen de formation postbac aux métiers du manga, et l'éditeur académique Pearson se sont liés pour proposer le premier manuel d'apprentissage du manga. Alliant l'expérience pédagogique d'Eurasiam à la rigueur éditoriale universitaire de Pearson, ce manuel a pour vocation de vous faire découvrir les multiples aspects de la création manga, du scénario à la trame en passant par le character design et la découpe de planche, mais bien aussi ses enjeux culturels et symboliques.

Répondant à l'exigence de rigueur pédagogique, d'excellence du corps professoral et d'échanges interculturels d'Eurasiam, ce manuel est un soutien à la formation des futurs créateurs capables d'insérer une *french touch* et de prendre en compte une dynamique « cross média » qui se formalise par la traduction du manga papier sur un outil culturel moderne, multisupport et comprenant de multiples approches narratives (goodies, produits dérivés, cinéma d'animation, jeux vidéo, etc.).

Le manga révèle aujourd'hui par son style graphique et ses codes culturels la spécificité propre à un patrimoine culturel aux multiples visages et proche du grand public ; car, avant même d'être des récits japonais, le manga est un art populaire transcendant les nationalités et les imaginaires.

Margherita Balzerani

Directrice aux études Eurasiam

# LES AUTEURS

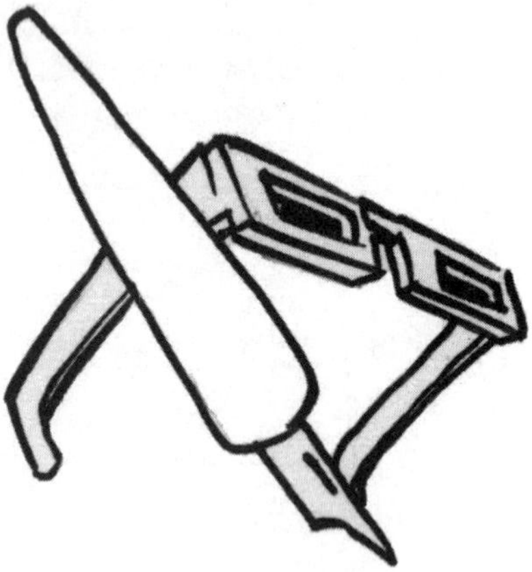

## Arnaud

Dessinateur sur ce projet, cet échevelé Nancéien de 21 ans travaille d'arrache-pied à devenir l'un des acteurs du petit monde fermé du *show-biz* papier. En attendant ce triomphe, il gribouille à droite à gauche en bourreau de travail infatigable. Pour vous l'imaginer, prenez un peu du caractère de Maru et transplantez-le dans le corps de l'infâme rival. Si vous voulez résumer le personnage, deux mots s'imposent : prometteur et… prometteur !

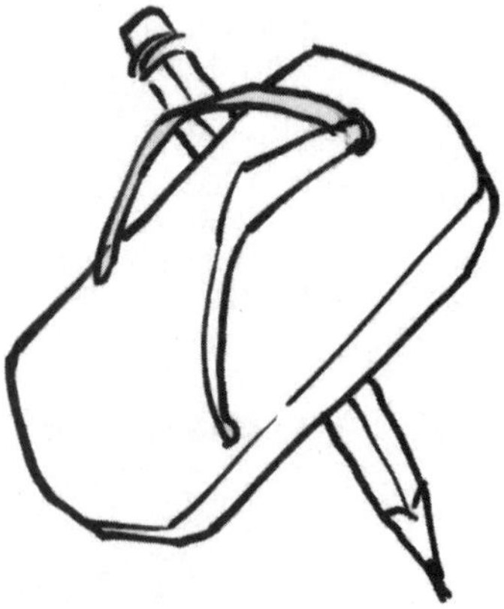

## Sogué Da Silva

Tourangeau de cœur et de gîte, il passe son temps à faire des allers-retours à Paris, où il concilie avec un équilibre modulable fête et labeur. Dessinateur dans l'âme, il se définit lui-même comme appartenant à l'école esthétique du « à l'arrache ! », style magnifiant l'esquisse et l'encrage mouvementé. À 25 ans, ce vénérable ancêtre prépare toujours son bagage en vue de son entrée dans la cour des grands mais, tout comme le bon vin, il se bonifie avec le temps.

## Mélanie Erpelding

Logisticienne polyvalente tout droit venue de l'Oise, elle a tout lu, tout écrit, tout maquetté, tout dessiné… Adepte de l'illustration retardataire, elle a une vitesse de pointe « hallucinante » qui l'a portée vers une multitude de tâches variées relevant du coup de main bien pratique au travail de l'ombre sous-payé en remerciements. De ce fait, sa présence se ressent à peu près à tous les niveaux de ce livre, pas mal pour une « gamine » de 20 ans !

## Alicia Kong

Petit singe infographiste originaire des lointaines contrées laotiennes, notre maquettiste insomniaque (et encore heureux !) a su faire des pieds et des mains pour assembler de manière à peu près cohérente tout le bazar que nous avons pu produire. Crevée à force de nous courir après et d'attendre chefs-d'œuvre et pièces de maître, elle envisage un petit break qui lui permettra de pousser plus loin ses projets personnels durant le courant de sa vingt et unième année.

## Julien Le Dain

Grand viking de 22 ans né sur un drakkar yvelinois, il est le chef d'équipe et le rédacteur de ce projet. S'il est pigiste free-lance pour certains magazines spécialisés, il ne faut sous-estimer sa part obscure de puriste adepte de films d'horreur et de jeux vidéo en tout genre, avec des zombies bio-hasardeux si possible... Mais il aime également l'enfance et les joies que peuvent procurer l'animation et l'encadrement de tous ces amusants petits vikings en puissance.

## Malcolm

Franco-mexicain d'origine italienne né en Hongrie, cet être cosmopolite évolue actuellement dans un monde un peu parallèle. Son pouvoir spécial lui permettant d'ordinaire d'échapper au travail ne l'a cependant pas sauvé de ce projet d'édition. Aujourd'hui âgé de 21 ans, après avoir chapeauté de main de maître le pôle infographique de ce manuel il se destine au manga papier, voire à l'animation.

# LES PERSONNAGES

## MARU

**Le jeune apprenti mangaka plein de bonne volonté qu'est Maru ne s'attendait pas à trouver tant de difficultés sur le chemin du manga. Heureusement, sa persévérance et sa ténacité lui seront d'un grand secours pour parvenir à maîtriser toutes les subtilités de la bande dessinée japonaise. Gonflé à bloc, il a toutes les chances de son côté pour réussir même si certains ne le voient pas de cet œil. Il sera votre guide au sein de ce livre et vous cheminerez ensemble tout au long de cette initiation. Même si ses dessins sont parfois encore un peu patauds, on sent le talent dans son trait, et vous fier à lui devrait bénéfique.**

## SAJI

L'infâme rival ! Saji est un critique aguerri dans le domaine du manga. Ses conseils sont précieux mais son ton prétentieux et son humour caustique donnent souvent lieu à des remarques cinglantes. On sait qu'il a un bon fond mais sa recherche du « manga ultime » le rend parfois un peu inaccessible. Il se consacre totalement à son art et, comme certains artistes, sa garde-robe s'en ressent. En témoignent ses grosses lunettes et sa coupe échevelée. Vous devriez passer outre son image hostile car, à l'écouter, vous ne pourrez que progresser.

# TABLE DES MATIÈRES


Introduction ........ 1

1 Personnages ........ 15

2 Scénarios, genres et codes ........ 53

3 Story-board, composition de planche ........ 79

4 Encrage ........ 103

5 Tramage ........ 119

6 PAO et infographie ........ 137

7 One-shot ........ 147

# Introduction

« Bonjour à tous.

Ce qui vous a motivé en vous procurant ce livre n'est probablement pas la magnifique prose que vous pourrez y lire mais ce sont plutôt ses contenus plastiques et techniques ; nous serons donc brefs sur cette entrée en matière. Ce premier tome n'a pas pour vocation de faire le tour de tous les aspects du travail du mangaka. Il s'agit juste de les évoquer et d'aborder les savoirs les plus élémentaires à intégrer pour ne pas se retrouver avec un album de Tintin alors qu'on ambitionnait de créer son propre manga… Un tour d'horizon loin d'être exhaustif donc, mais qui nous l'espérons, répondra aux questions qui se posent le plus souvent lors de la création d'une bande dessinée à la japonaise.

La mission de cet ouvrage est non pas de vous changer en professionnels à sa seule lecture, mais de faire de vous des amateurs éclairés et de vous faciliter la création. Il ne tiendra qu'à vous par la suite de dessiner, dessiner, dessiner encore (et dessiner un peu aussi !) car il n'y a que par ce biais que vous pourrez espérer arriver à quelque chose. Regardez, inspirez-vous, testez, pratiquez, recommencez… Vous ne trouverez malheureusement la chose dont vous aurez le plus besoin pour réussir ni dans ce livre ni dans aucun autre. Si vous ne l'avez pas dès le départ, votre plus gros travail ne sera pas de savoir quelle forme a une tête, quelle proportion peut avoir une cuisse ou comment s'articule une main mais il sera bien de trouver cette chose. Pour certains elle s'appellera persévérance, pour d'autres, abnégation et pour d'autres encore, patience. Nous vous souhaitons donc de « trouver cette chose », ce manuel ne représentant en fait qu'une rencontre sans plus d'importance sur le chemin du créatif, du conteur, de l'artiste. »

PUF
PUF
PUF
PUF
PUF
PUF
PUF
C'EST ÉPROUVANT DE FAIRE UN MANGA !
MAIS JE DOIS LE FAIRE !
PUF
J'AI LE FEU EN MOI POUR Y ARRIVER ! ET SI JE DEVIENS CÉLÈBRE, TOUTES LES FILLES SERONT À MES PIEDS !!
GHÉ HÉ HÉ
MAIS POUR Y PARVENIR...
NULLE RELÂCHE !!
LE MÉTIER DE MANGAKA NÉCESSITE UNE MOTIVATION À TOUTE ÉPREUVE !!
SHHHHHHH
SANS COMPTER...

MON INFÂME RIVAL !
C'EST UN CRITIQUE DE MANGA
IL VOIT TOUS LES DÉFAUTS DE MES PLANCHES !
IMPOSSIBLE DE DEVENIR MANGAKA SANS LE PASSER !
IL M'ÉNERVE !
IL EST DONC TEMPS POUR MOI DE REPRENDRE LES LEÇONS DEPIS LE DÉBUT !!
POUR FAIRE EN SORTE QUE MES PLANCHES SOIENT INCRITIQUABLES !!
YOSH !!

Nous y voici : dans le vif du sujet ! Il ne vous reste plus qu'à dégainer votre matériel pour déchaîner le créatif qui sommeille en vous… si tant est que vous ayez ce qu'il faut. Sinon, voici un bref récapitulatif de ce que vous devrez toujours avoir sous la main pour pouvoir aspirer à la réalisation d'un manga.

# Le papier

Le support, la base. Si vous n'en avez jamais vu jusqu'à maintenant, votre carrière de mangaka commence plutôt mal…

**Papier d'imprimante A4.** Simple, blanc, lisse et peu épais, de faible grammage, il sera le meilleur ami de vos recherches et tâtonnements, partie fondamentale de la création. Notez que les recherches peuvent être longues, alors n'investissez pas dans un papyrus hors de prix.

« **Comic Book Paper** ». Papier réglé, marqué (en bleu clair pour faciliter le scannage avant impression), spécialement conçu pour la réalisation de planches finales (dessinées, encrées et tramées).

# Crayon conseillé

Il en existe pour tout dessiner, bien plus que ce dont vous aurez besoin. Voici ceux que nous recommandons mais essayez de trouver celui avec lequel vous aurez le plus d'affinité.

**Crayon à papier.** HB ou B (bien taillé évidemment ; un bon taille-crayon sera donc de mise).

**Critérium.** Mines HB ou B de taille 0,5 mm.

**Critérium mine bleue.** Taille 0,5 mm (celui-ci n'est pas indispensable mais vous permettra un réel confort lorsque vous poserez les premiers traits de vos croquis).

# Encrage

Moment fatidique où votre chef-d'œuvre peut aisément devenir une énième recherche inaboutie. Matériel de qualité obligatoire !

**Porte-plume.** De taille variable, choisissez le vôtre pour une prise en main optimale.

**Plumes** (« Maru-pen », « G-pen », « Saji-pen »).

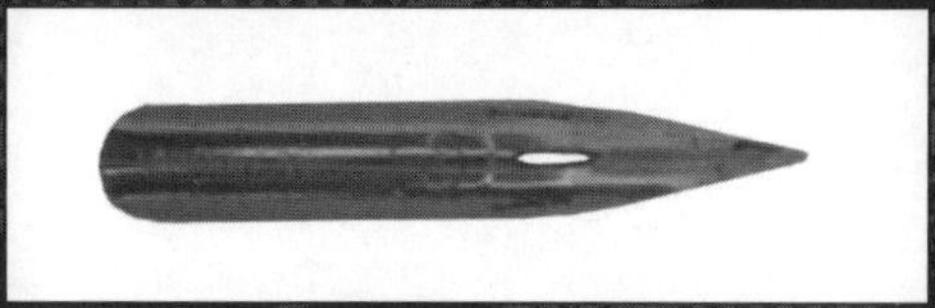

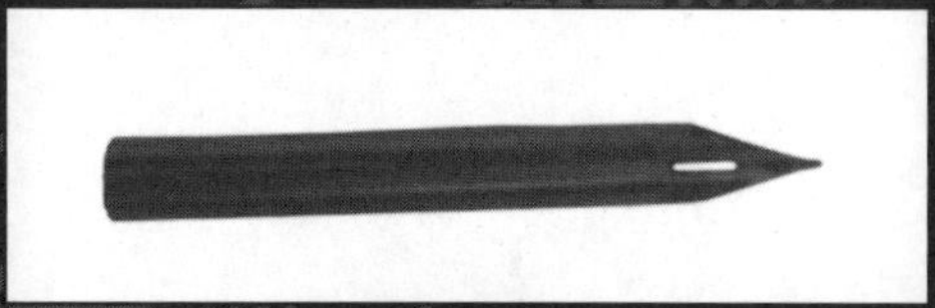

**Encre de Chine noire.** Pour faire des taches fatales et de beaux encrages.

**Bout de tissu ou mouchoir.** Buvard et essuie-plume, il évitera à votre matériel de prendre une belle teinte rouillée.

**Stylo feutre.** Alternative moderne à l'encrage traditionnel (attention à ce que l'encre soit réellement noire et ne s'éclaircisse pas en séchant !). Les tailles intéressantes oscillent de 0,03 à 3 mm.

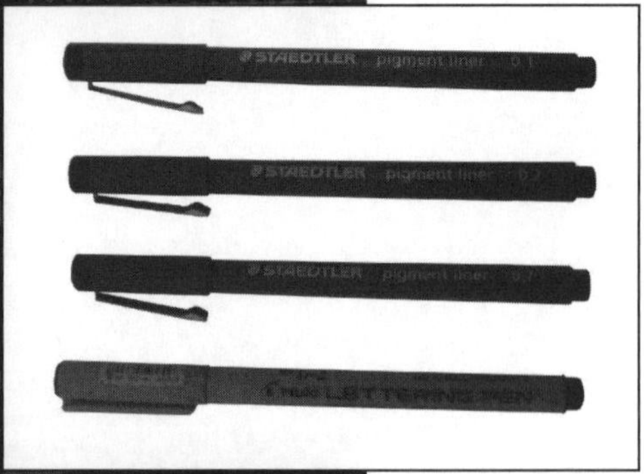


**Feutre/marqueur noir.** Pour réaliser des aplats uniformes (sans alcool recommandé).

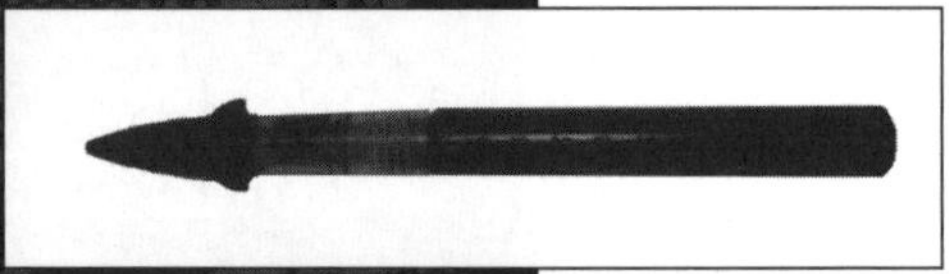

**Feutre-pinceau noir.** Peut être utile pour réaliser certains effets d'encrage.

De plus amples informations sur le matériel d'encrage vous seront fournies au chapitre qui y est consacré.

# Tramage

Set de trames : Plusieurs nuances de gris et quelques motifs vous seront indispensables.

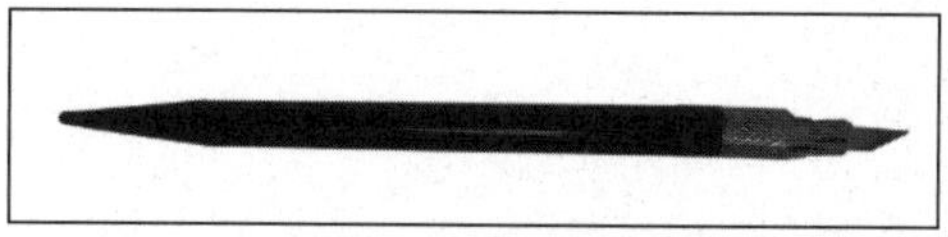

**Cutter.** Pour découper et gratter la trame. Préférez les cutters de type « Exacto » au manche tubulaire pour une plus grande maniabilité (aussi dit « stylet »).

« **Tone-Hera** ». Spatule permettant de bien coller la trame, utile pour éviter les bulles d'air.

De plus amples informations sur le matériel de tramage vous seront fournies dans le chapitre consacré.

# Gomme

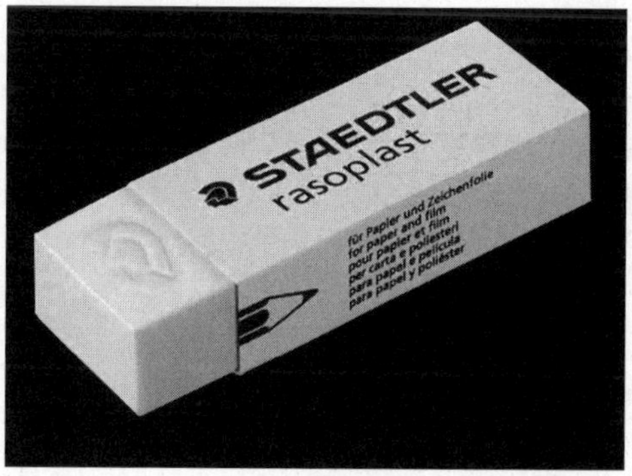


**Gomme blanche.** Elle gomme bien mais laisse beaucoup de miettes.

**Gomme en plastique.** Elle efface passablement bien et laisse peu, voire pas, de miettes suivant le modèle.

**Gomme à encres.** À l'efficacité discutable, ce type de gomme peut aider à rectifier l'irréparable, mais d'autres moyens s'offrent à vous. Le blanc correcteur, la gouache blanche ou l'encre blanche peuvent ainsi être utilisés pour corriger l'encrage.

**Gomme à trame.** Elle peut aussi être remplacée par une gomme à encre ou un cutter.

Et aussi…

**Règle.** De minimum 30 cm (si possible transparente).

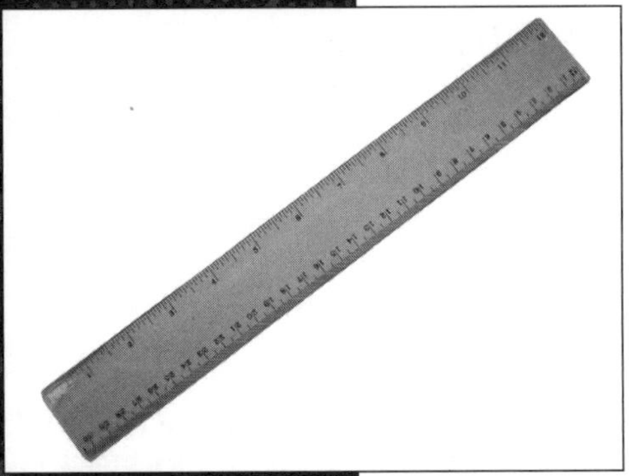

**Table lumineuse.**

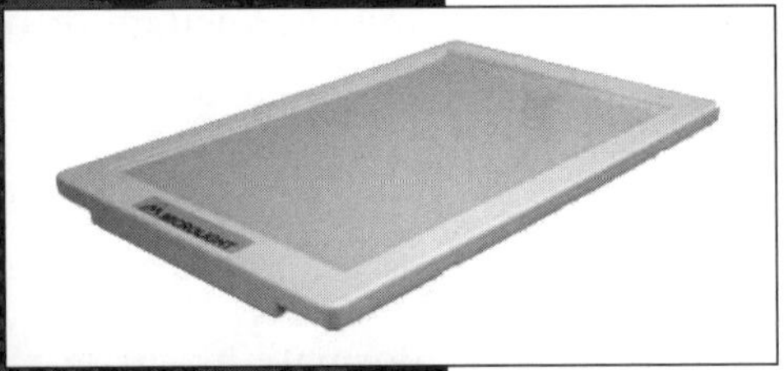

**Feutres de couleur** style TRIA, COPIC ou NEOPIKO.

Une fois tout cet attirail, à peu de chose près, en votre possession, vous êtes fin prêt !

OK !
C'EST LE MOMENT DE VÉRIFIER LE MATÉRIEL AVANT DE PARTIR, SOLDAT !
PLUMES ET PORTE-PLUME ...
OK !
TRAMES DE POINTS ET TRAMES D'EFFETS ...
J'AI !

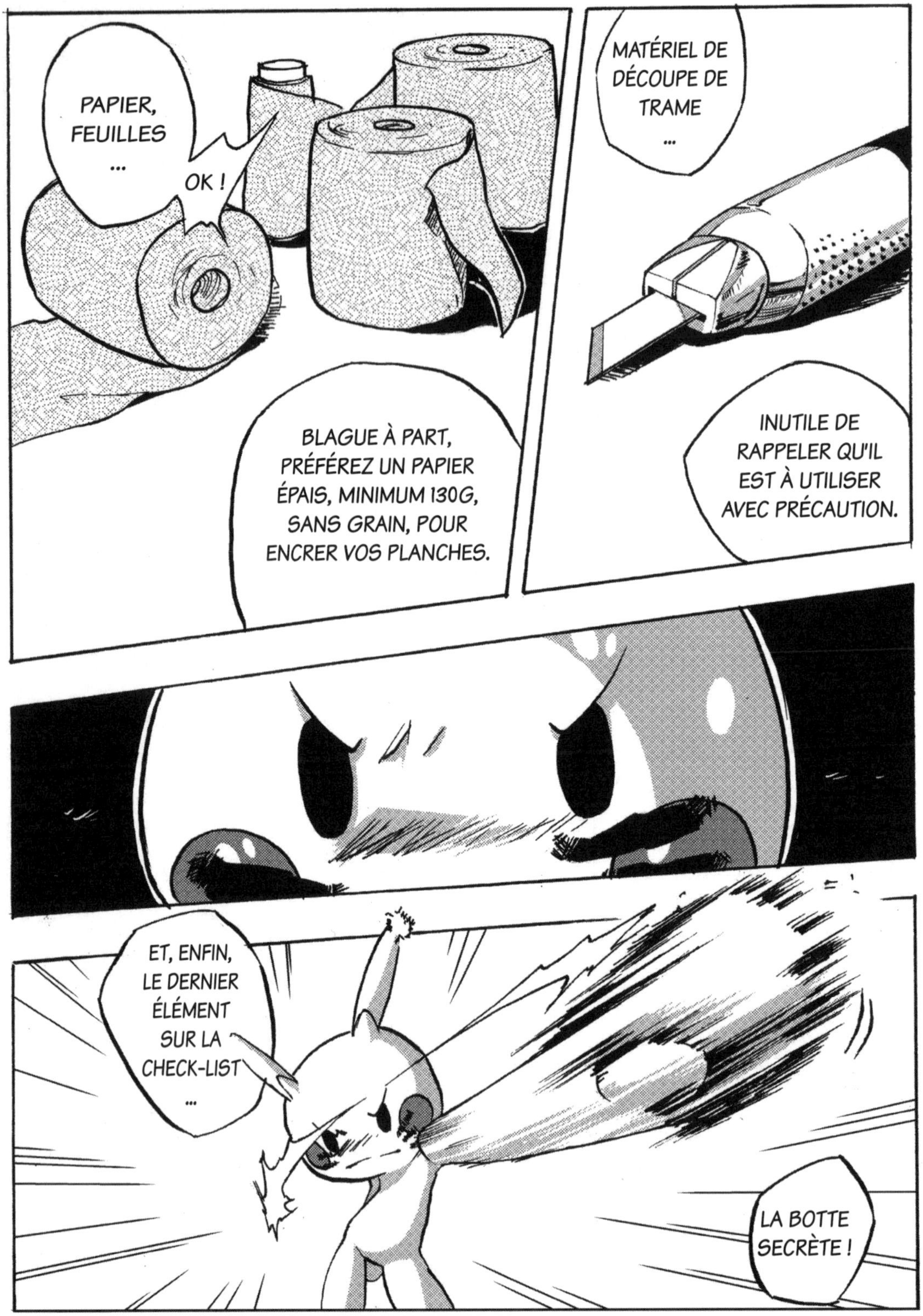
PAPIER, FEUILLES …
OK !
BLAGUE À PART, PRÉFÉREZ UN PAPIER ÉPAIS, MINIMUM 130G, SANS GRAIN, POUR ENCRER VOS PLANCHES.
MATÉRIEL DE DÉCOUPE DE TRAME …
INUTILE DE RAPPELER QU'IL EST À UTILISER AVEC PRÉCAUTION.
ET, ENFIN, LE DERNIER ÉLÉMENT SUR LA CHECK-LIST …
LA BOTTE SECRÈTE !

UNE GROSSE DOSE DE MOTIVATION ET DE VOLONTÉ !!
OK ! JE PENSE L'AVOIR !!

# 1. Personnages

« Un bon scénario ne se bâtit pas avec un seul personnage. Vous aurez donc certainement recours à d'autres acteurs pour animer votre histoire. Voilà pourquoi vous allez pouvoir vous faire plaisir en développant un éventail étendu de protagonistes variés et hauts en couleur. »

En premier lieu, évitez de mettre en scène des personnages se ressemblant trop sous peine d'égarer votre lecteur. Jouez plutôt sur des différences fortes entre vos protagonistes de manière que l'on puisse les identifier dès leur apparition sur la planche.

La morphologie, les détails vestimentaires, la carnation de la peau ou les accessoires sont autant d'infimes petites choses qui assureront à votre personnage un charisme et une identité graphique propres. Attention, cependant, à ne pas tomber dans l'anecdotique ; les vingt-six traits sur la troisième bague du majeur gauche vous fatigueront sûrement dès la quatrième ou cinquième case !

Pour mettre en valeur ces subtilités, l'usage du gros plan vous sera également d'une grande utilité (il faudra bien qu'on les voie, ces vingt-six traits).

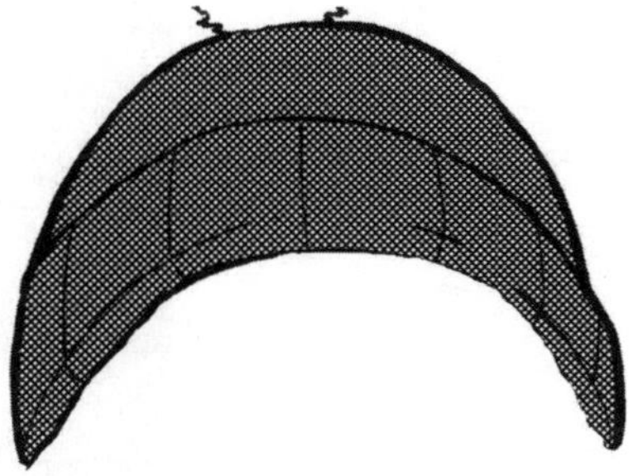

JE TE BATTRAI, RIVAL !
JE NE PEUX PAS PERDRE ...
CAR JE N'AI PAS LE CHOIX !
C'EST CE QU'ON VA VOIR !

Corrections

# LE VISAGE DE FACE

**Le visage est l'élement le plus crucial de la morphologie de votre personnage, c'est la partie de son corps qui apparaîtra le plus souvent, sauf si vous vous lancez dans le manga footballistique, et encore… Travaillez donc bien votre maîtrise de celui-ci. Le lecteur jugera souvent un protagoniste à son visage ; vous pouvez en jouer, mais vous devriez peut-être éviter Popeye en héroïne shôjo !**

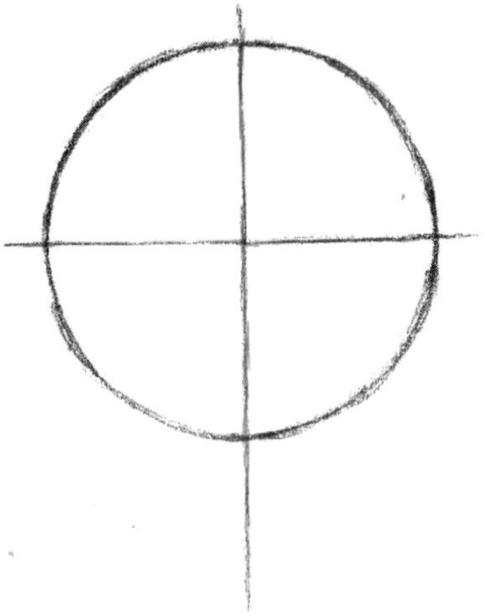

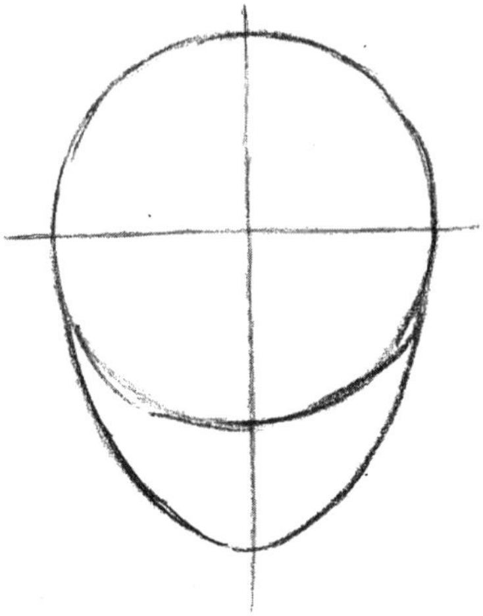

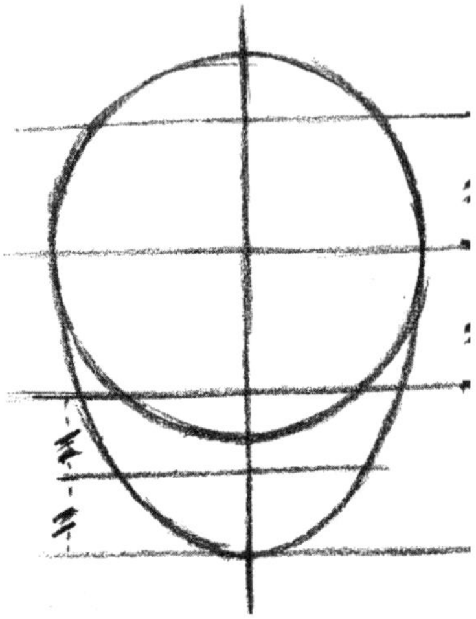

**1** Dessinez une sphère qui représentera la base de la tête (le crâne). Tracez ensuite la médiane du visage (ou ligne directrice) et la médiane horizontale de la sphère représentant la ligne des sourcils. N'oubliez pas que le visage est un volume : la ligne directrice du visage change en fonction de la position de la tête et de l'angle de vue.

**2** Placez le menton et la mâchoire en prolongeant la sphère de manière à obtenir un œuf (plus ou moins selon l'angle de vue et la personne dessinée).

**3** Tracez la ligne du nez à égale distance entre celle des sourcils et le menton. En vous fondant sur cette mesure, placez la base des cheveux à la même distance au-dessus des sourcils. La bouche se situe plus ou moins au milieu du nez et du menton.

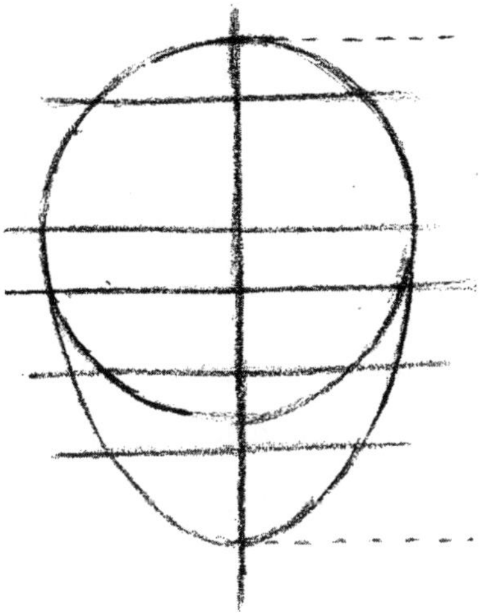

**4** Au milieu du visage, placez la ligne des yeux.

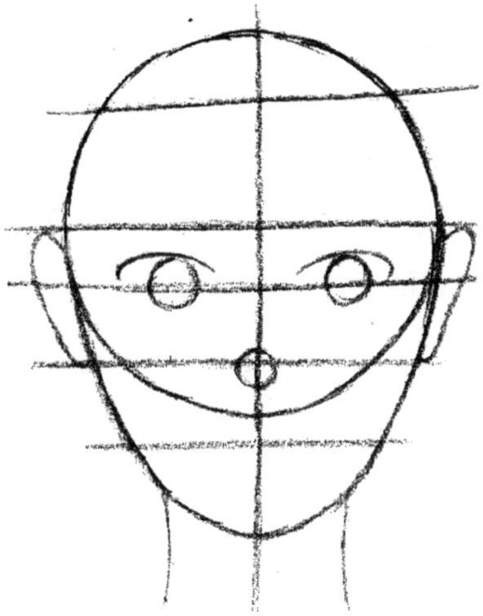

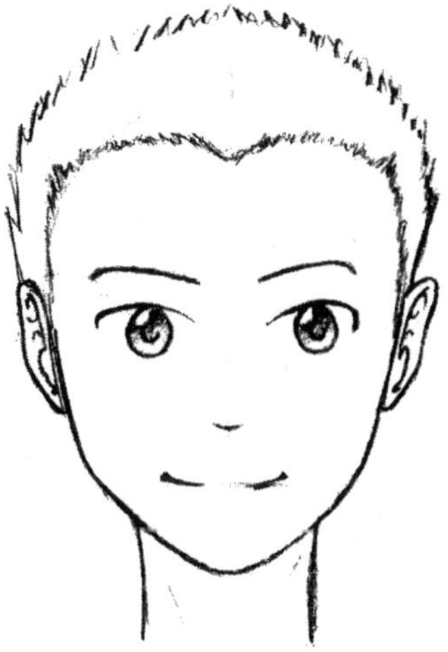

**5** C'est presque fini ! Placez les yeux (n'oubliez pas de laisser la place pour un œil entre les deux yeux et pour au moins un demi-œil de chaque côté du visage), le bout du nez et les oreilles. Le haut de celles-ci est au niveau des sourcils, le bas, au niveau du nez. Vous voici maintenant avec une tête qui ressemble à une tête, à vous de la personnaliser avec les variations qui suivent.

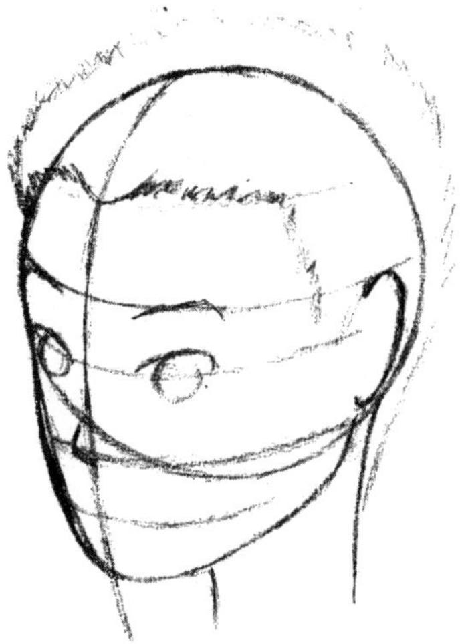

## Conseils généraux

- En modifiant l'espacement des repères ligne de front, base du nez et menton, vous pouvez créer différentes variétés de visages.
- Le visage peut être long, allongé, ovale, en losange, carré…, le menton, proéminent ou non ; de même pour le nez, qui peut être long, court, fin, gros, aplati ; la bouche, petite, grande, pincée, épaisse ; les yeux, en amande, globuleux, plissés, ronds, petits ou gros, etc.
- La lèvre supérieure de la bouche est habituellement plus étroite que la lèvre inférieure.
- Le visage diffère selon le sexe ou l'âge du personnage. Une femme aura le visage plus fin, plus arrondi qu'un homme, au visage plus anguleux. Le contour du visage d'un enfant n'accentue ni les mâchoires ni les pommettes, son visage est plutôt rond, les joues plus ou moins dodues. Nez, menton et oreilles sont plus petits alors que les yeux sont un peu plus importants dans le visage.
- N'oubliez pas les volumes du visage : le menton, les pommettes, les arcades sourcilières, etc. Ils définissent le caractère du visage, sa forme, et sont plus ou moins visibles selon l'angle de vue du visage.
- Un enfant aura tendance à avoir de plus petites oreilles alors qu'une personne âgée aura des oreilles plus longues.

# LE VISAGE DE PROFIL

**Pour un profil, les règles restent globalement les mêmes que pour un visage classique ; reprenez donc le même modèle de construction.**

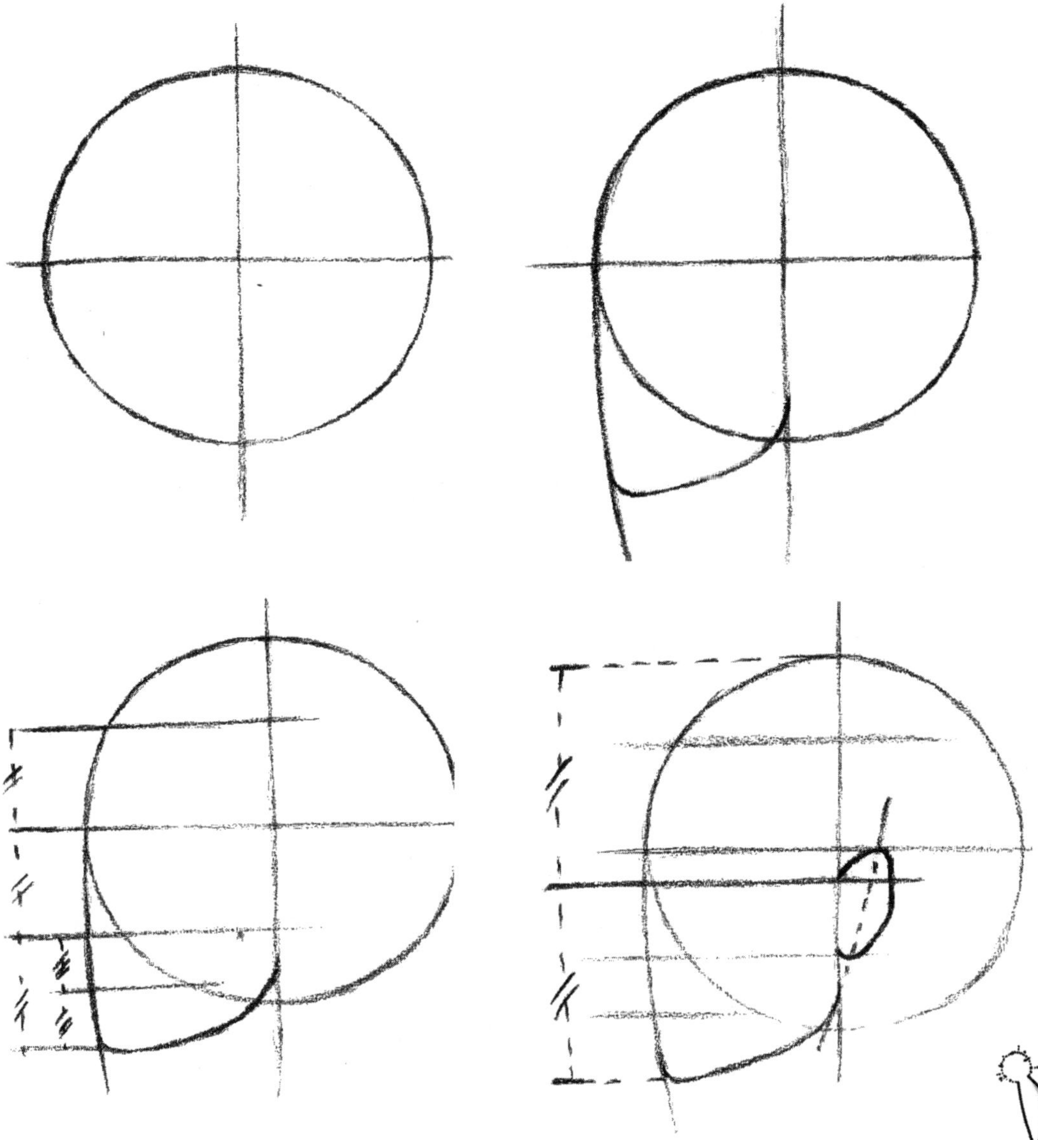

La variation interviendra au moment d'implanter les parties saillantes de la face : placez le nez et esquissez la forme de la face. N'oubliez pas l'arcade sourcilière et les lèvres (ceci dépend bien entendu du personnage et de votre style de dessin). L'emplacement de l'œil pourra lui aussi être sujet à de légères personnalisations. Finalisez en plaçant le cou.

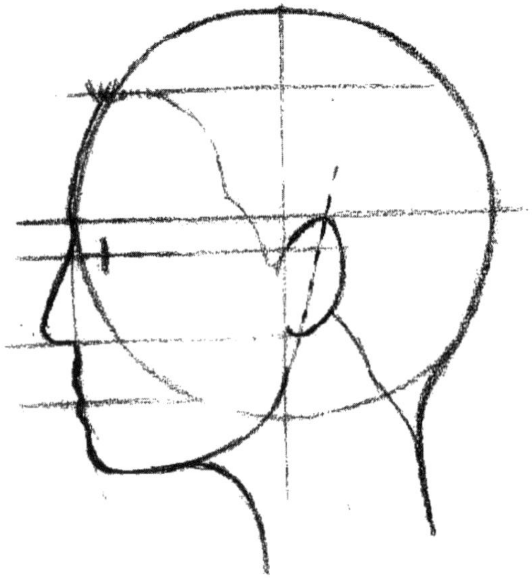

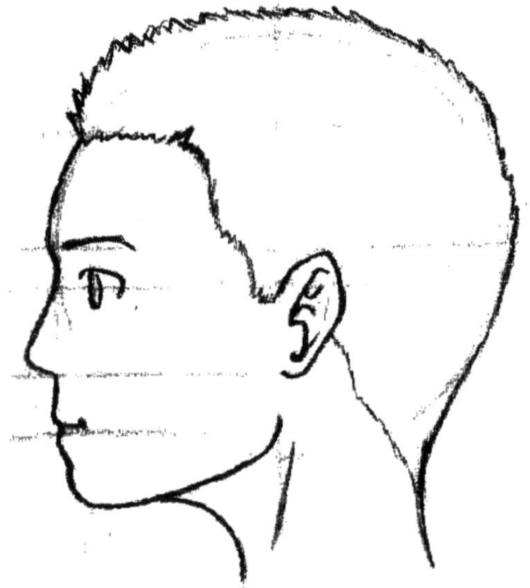

## Conseils généraux

- La nuque n'est pas droite, elle est toujours légèrement inclinée.
- Les traits sont plus fins chez les adolescents que chez les hommes et encore plus chez les femmes.
- Chez l'enfant, les yeux seront plus bas que la ligne des yeux.
- Chez le bébé, les yeux et la base du nez sont plus proches, les oreilles, plus basses ; le visage, encore plus rond.

# LES YEUX

**Avant tout, n'oubliez pas que l'œil n'est pas une surface plane mais bien une boule dans son orbite.**

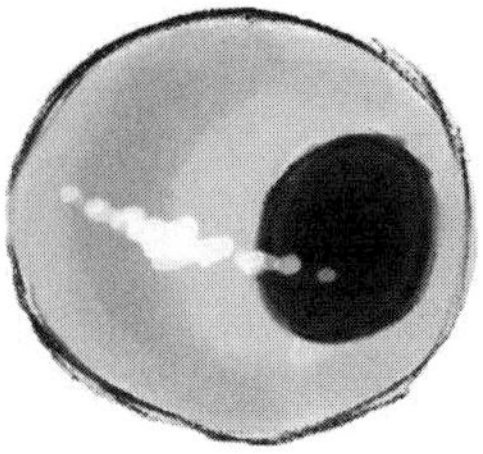

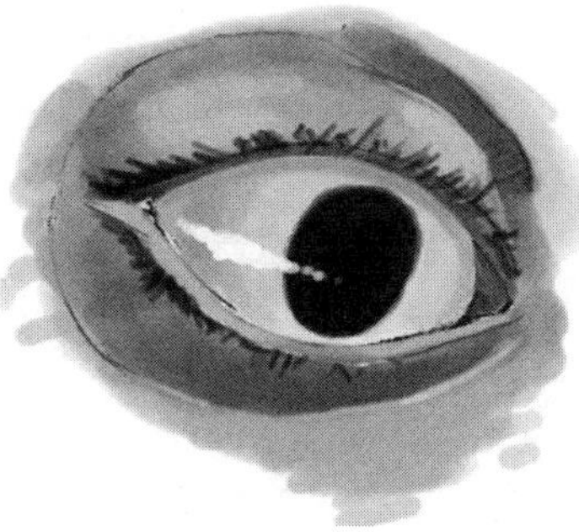

Commencez par dessiner cet ovale puis rabattez les paupières dessus. Ainsi, une fois les ombres et lumières posées, votre œil revêtira un aspect réaliste.

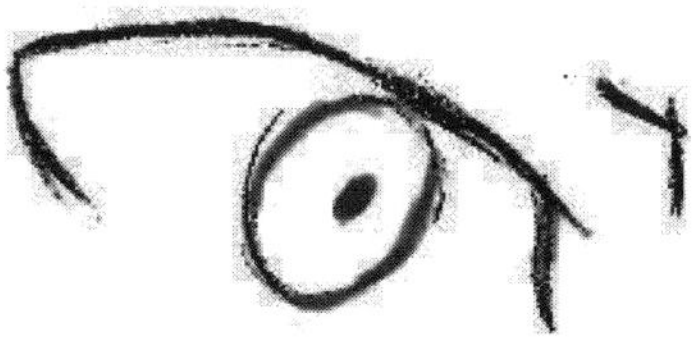

Même si vous optez pour un style simplifié, dans la veine manga, tentez de maîtriser cette forme de base. Cette épuration graphique facilitera votre dessin et vos encrages en excluant des parties trop détaillées telles que les sourcils.

Laissez la place pour un œil entre les deux yeux

Un trait pour le bas de la paupière supérieure
Le sourcil
Un petit trait peut signifier le pli de la paupière supérieure
Un trait pour la paupière inférieure
Un ovale ou un rond (ne pas oublier la pupille au centre). Ajouter les éventuels reflets.

ON PARLE SOUVENT DES GRANDS YEUX DANS LES MANGAS.
QU'EN EST-IL ?
EH BIEN, DISONS QUE C'EST POUR DONNER PLUS D'EXPRESSIVITÉ AUX PERSONNAGES !
INGÉNIEUX, PAS VRAI ?
BOOÏNN
JE VOIS. ÉTRANGE ...
ON DIRAIT UNE MOUCHE...
OH ! ET CELA PERMET DE DISTINGUER LE PERSONNAGE DE LOIN, MÊME DANS UNE FOULE !
JE COMPRENDS ! MAIS LES GRANDS YEUX NE SERAIENT-ILS PAS JUSTE UNE AFFAIRE DE STYLE DE L'AUTEUR ?
AH ! JE N'Y AVAIS JAMAIS PENSÉ !
EN PLUS, C'EST TELLEMENT DUR DE TROUVER UNE PAIRE DE LUNETTES À SA TAILLE... !

# LES CHEVEUX

**Les cheveux sont une partie importante du visage de votre personnage, ils aideront à déterminer si celui-ci est mystérieux, sophistiqué, sombre… Pensez à vous abstenir des coupes trop alambiquées, sans quoi il risque d'arriver à votre personnage, au bout de sa troisième apparition, un déplorable « accident de coiffeur »…**

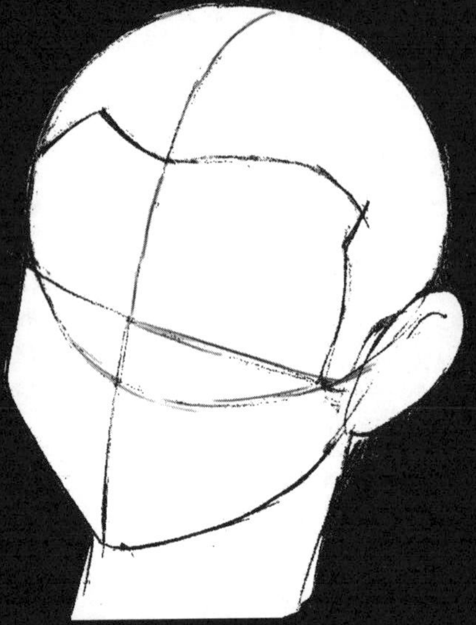

Lorsque vous dessinez l'ébauche du visage de votre personnage, pensez également à marquer l'implantation capillaire de ce dernier.

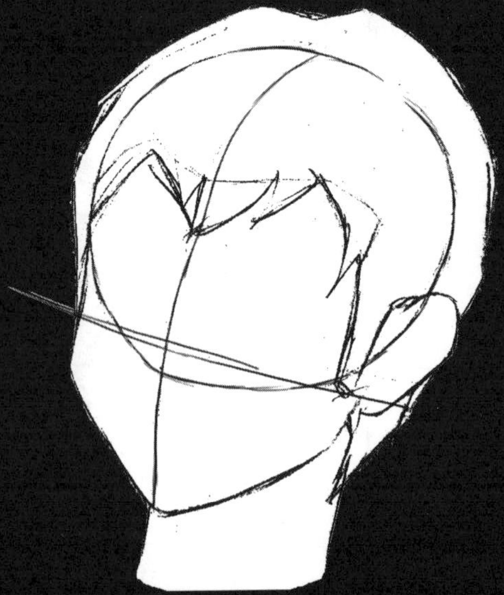

Passez ensuite au « gros œuvre » de la chevelure ; ne vous lancez pas encore dans la mèche rebelle qui fera tout le caractère du personnage. Tracez les grandes lignes de manière que la chevelure soit une masse uniforme.

Enfin, le moment que vous attendiez tant, les détails. Amusez-vous ! Votre personnage sera-t-il muni d'une coupe tectonique ? Un rasta, peut-être ? Ou tout simplement monsieur Propre ?

AU MÊME TITRE QUE LES YEUX OU LA FORME DU VISAGE, LA COUPE DE CHEVEUX PEUT RENFORCER L'EXPRESSION DU PERSONNAGE.
RÉFLÉCHISSEZ BIEN AVANT DE DESSINER UNE COUPE DE CHEVEUX.
L'IMPLANTATION DES CHEVEUX DÉFINIT L'ÂGE.
PLUS LES CHEVEUX SONT IMPLANTÉS PRÈS DES SOURCILS...
JEUNE
MOINS JEUNE
... PLUS LE PERSONNAGE A L'AIR JEUNE !
DE MÊME, LA DENSITÉ DE LA TOUFFE DE CHEVEUX PEUT JOUER UN RÔLE SUR L'ÂGE.
EST-CE QUE ÇA VEUT DIRE QUE J'AI L'AIR TRÈS JEUNE ?
AAH, MAIS D'OÙ IL SORT ?
QUANT AUX REFLETS, ILS RAJOUTENT DU VOLUME À LA COUPE DE CHEVEUX.
LUMIÈRE
HA HA ! MAINTENANT, IMAGINEZ MON SATANÉ RIVAL SANS CHEVEUX !
VOYEZ COMME SON EXPRESSION CHANGE.
IL EST TROP LAID AVEC OU SANS CHEVEUX !!

# LE CORPS

**Cette méthode de construction propose de commencer, plutôt que par le visage, par le buste, pour une meilleure posture des personnages. Cela évite de dessiner des personnages « flottants ». Elle se fonde sur des formes géométriques simples à dessiner avant d'attaquer les détails.**

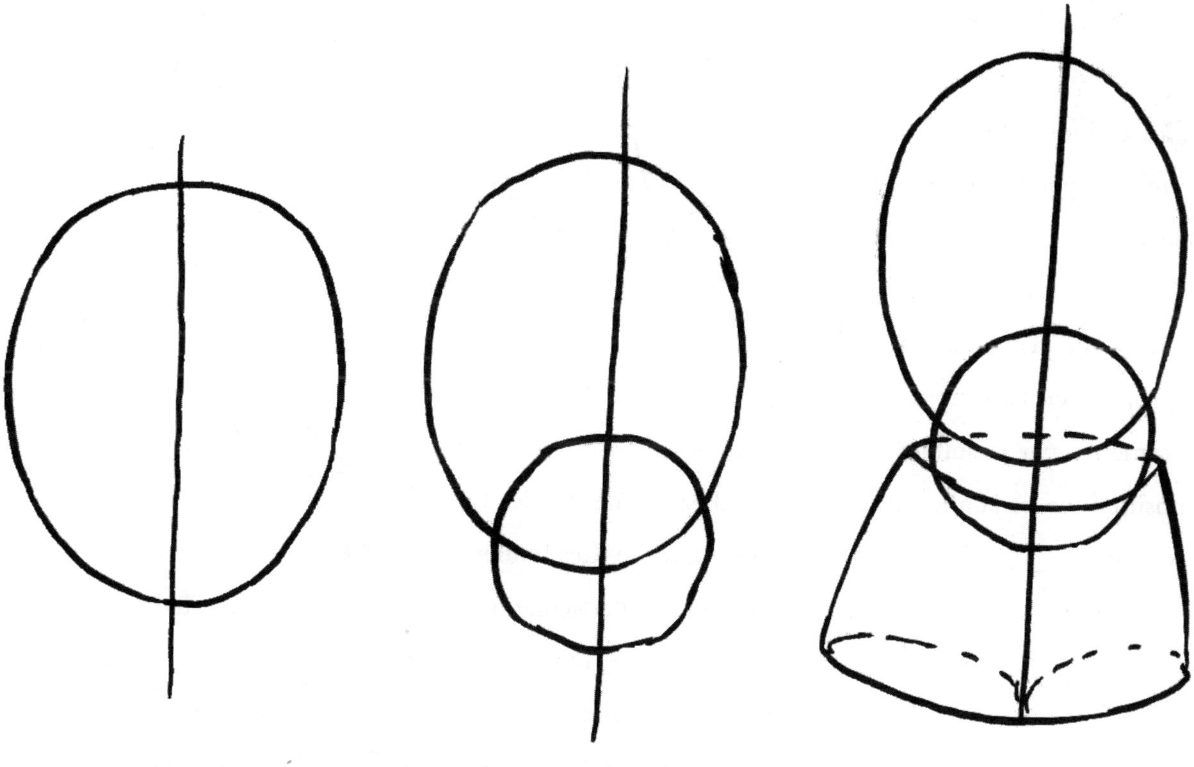

**1** Tracez un ovale, ce sera une simplification géométrique de la cage thoracique. Tracez ensuite un axe de symétrie.

**2** Tracez un cercle à moitié dans l'ovale. Il représentera l'abdomen.

**3** Tracez un cylindre. Il fera office de bassin (notez que le cercle de l'abdomen est encastré à la fois dans l'ovale et dans le cylindre).

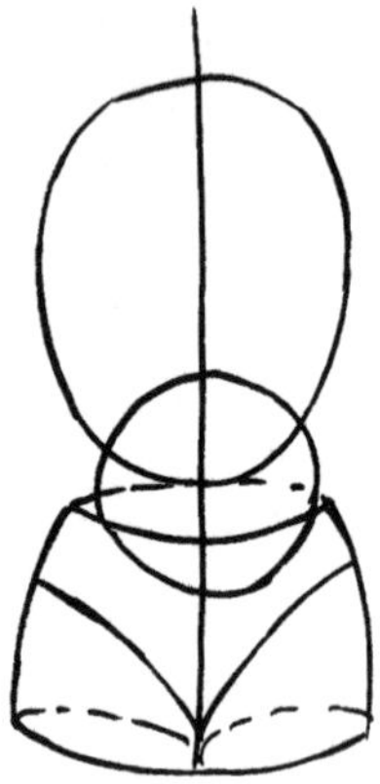

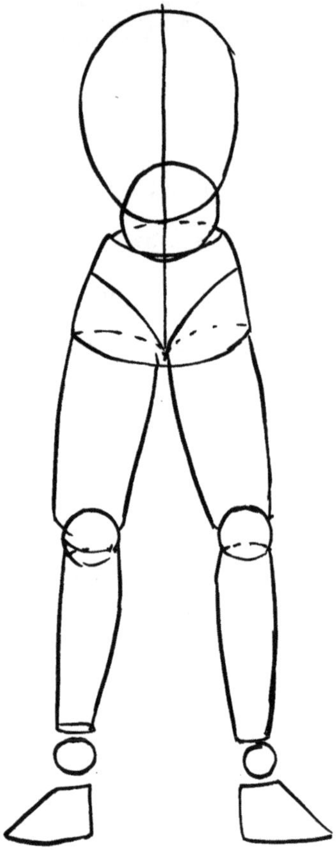

**4** Dessinez la forme d'un slip dans ce cylindre du bassin. La position de l'entrejambe doit concorder avec l'axe de symétrie. Cette technique du slip, en plus d'en faire rire certains, permettra par la suite de bien positionner les jambes du personnage.

**5** Dessinez deux cylindres pour symboliser les cuisses. Attachez-y une boule à chaque extrémité. Ces boules vont symboliser l'articulation des genoux (pour repère, la longueur des cylindres des cuisses est à peu près celle de l'ovale de la cage thoracique).

**6** Pour dessiner les jambes, tracez à nouveau deux cylindres (un peu plus courts que ceux des cuisses), attachez-y à nouveau une boule pour symboliser l'articulation des chevilles. Contentez-vous pour l'instant de dessiner un triangle pour les pieds. (Référez-vous à la partie sur la construction des pieds pour plus de détails.)

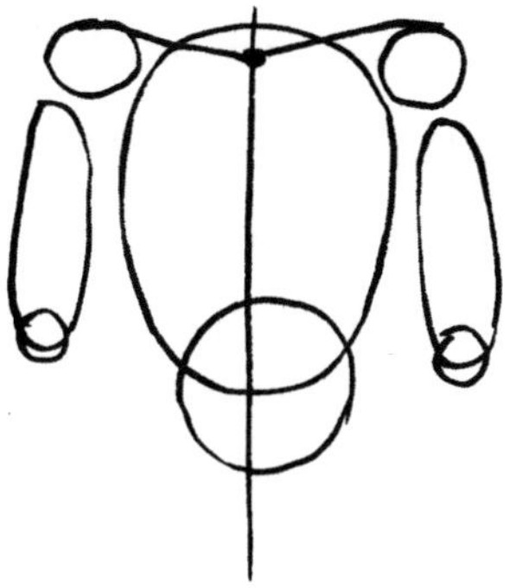

**7** Nous allons maintenant dessiner les bras. Pour ce faire, dessinez deux boules attachées à l'ovale comme sur le dessin. Elles feront office d'épaules. Reliez-les à l'axe de symétrie de l'ovale pour symboliser les clavicules. Tracez ensuite deux cylindres pour les bras (pour repère, ils partent des épaules et s'arrêtent là où s'arrête l'ovale de la cage thoracique). Tracez ensuite deux boules pour l'articulation des coudes.

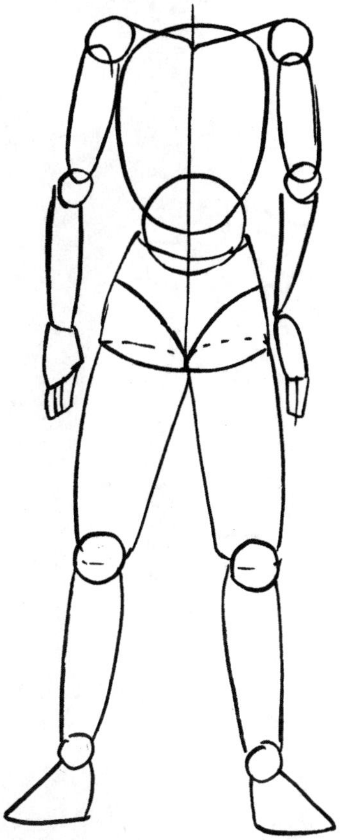

**8** Tracez les avant-bras en dessinant deux cylindres. Le niveau des poignets correspond à peu près au niveau de l'entrejambe. Contentez-vous de faire des carrés ou des ronds pour les mains dans un premier temps. Sachez juste que l'extrémité des doigts d'une main ouverte le long du corps arrive à la moitié de la cuisse.

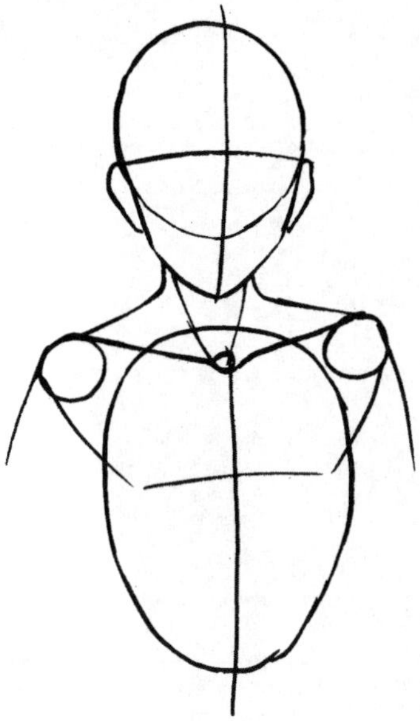

**9** Ajoutez la tête avec la technique de construction déjà vue, en reliant le cou. Gardez à l'esprit que la longueur de la tête équivaut à peu près à la longueur du cylindre du bassin.

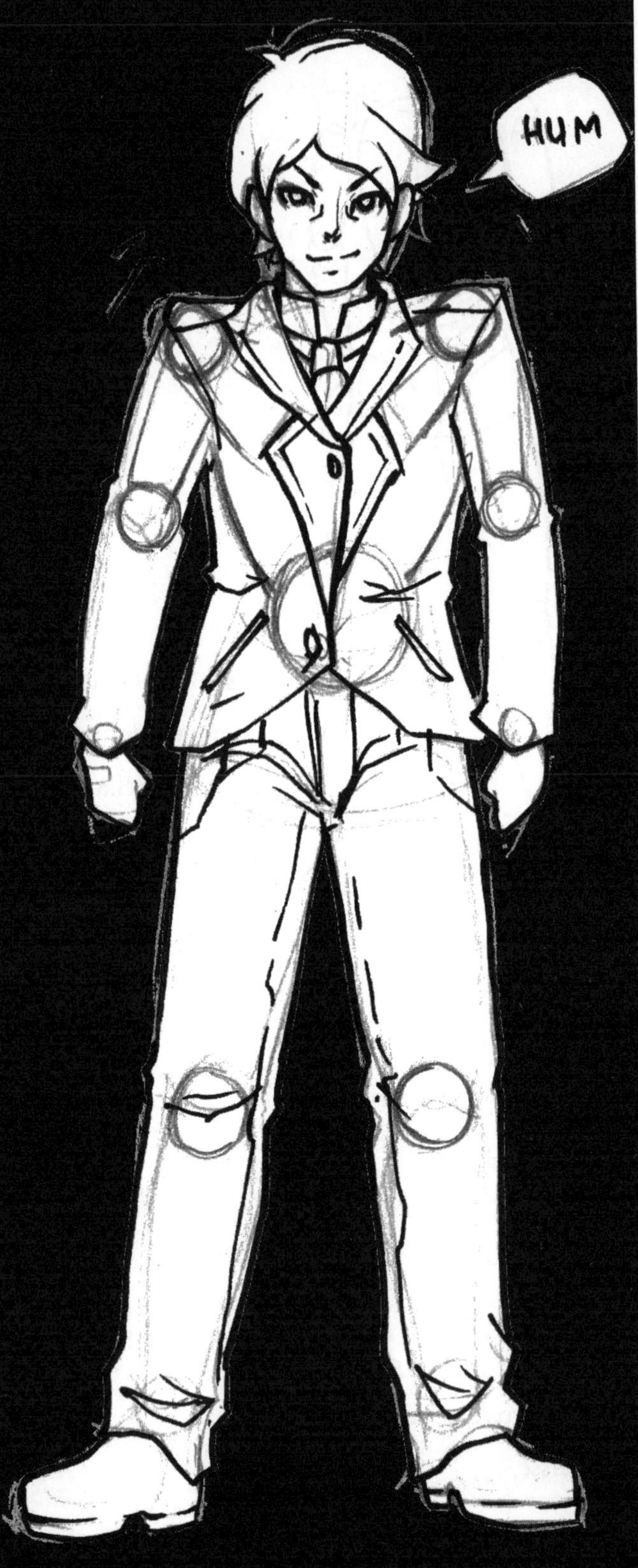


Cette technique n'est pas obligatoire mais permet dans un croquis rapide d'obtenir des proportions anatomiques à peu près vraissemblables.

Le caractère simiesque de ce joueur de base-ball n'aura sûrement pas échappé à votre œil avisé. Le corps humain se construit en respectant certaines règles de proportion sans lesquelles une silhouette se révèle très vite grotesque.

## Erreurs

La tête est un ovale ; même avec un couvre-chef, évitez les crânes aplatis.

Les coudes sont au même niveau que les côtes flottantes et le bout des doigts arrive à mi-cuisse. La hauteur de la main fait à peu près celle du visage.

Dans ce dessin, l'auteur a effectué, en plus des erreurs déjà signalées, un écart classique : il a rattrapé la taille démesurée du haut du corps en rognant sur la longueur des mollets.

## Corrections

**Quel que soit l'état d'avancement de votre dessin, n'hésitez jamais à le reprendre autant de fois que nécessaire si jamais celui-ci vous semble médiocre. Et n'oubliez pas, mieux vaut un résultat satisfaisant qu'une tentative trop ambitieuse se soldant par un échec.**

Cette technique de construction est très importante, mais pas obligatoire.
En tout cas, elle peut s'appliquer à tous les personnages.
Moi-même je suis construit de formes géométriques et d'axes !
Vision aux rayons-X
Cette construction donne comme un squelette au personnage.
Gardez en tête que les proportions anatomiques de la construction rendent le dessin crédible.
Mais pensez aussi que l'exagération des proportions, les déformations peuvent provoquer des effets (souvent comiques) et sont propres au manga !
Moi, des proportions exagérées ?! Je ne vois pas non !

# LA MAIN

**Passons maintenant à la hantise de quasiment tous les dessinateurs : la main.**

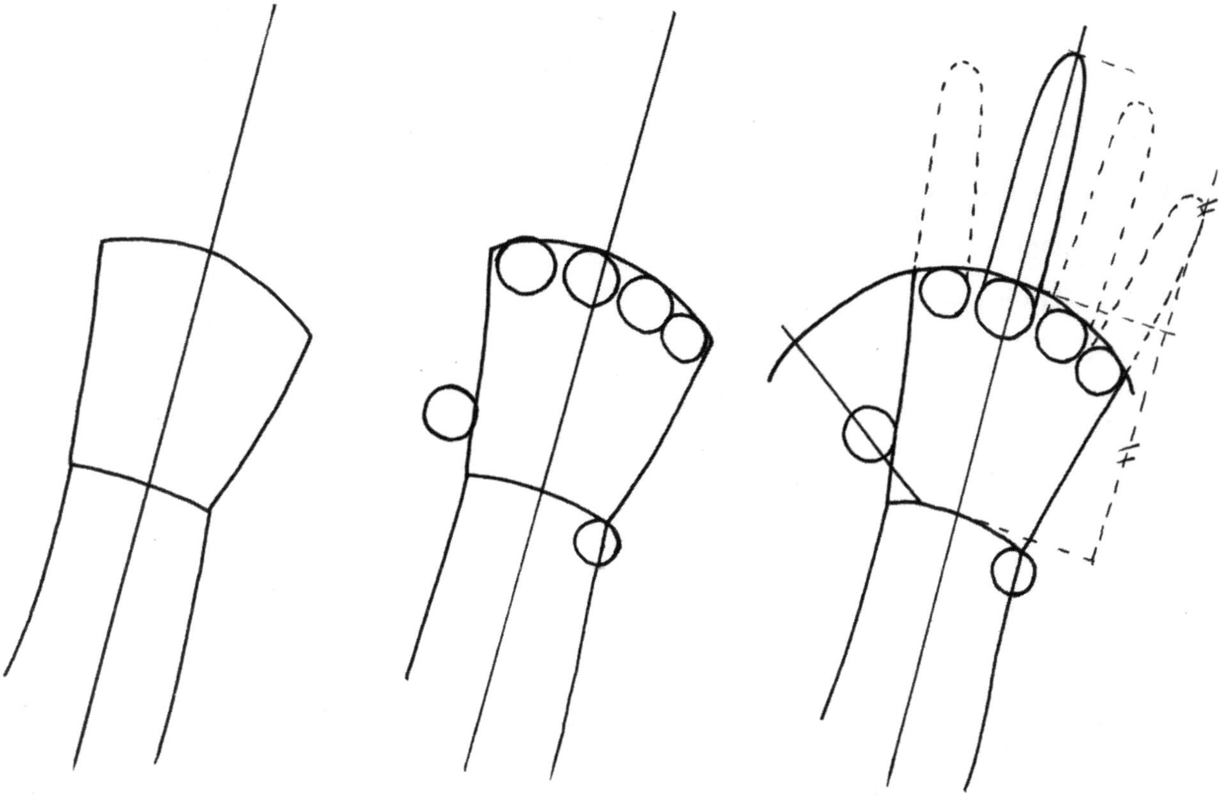

**1** Pour venir à bout de ce monument de détails, placez tout d'abord une forme approximativement rectangulaire au bout du bras et scindez-la en deux en son centre par une ligne médiane.

**2** Placez des ronds qui marqueront les phalanges, un à la base du tranchant de la main et un dernier à la naissance du pouce.

**3** Vous pouvez maintenant positionner le majeur grâce à la ligne médiane. Celui-ci doit mesurer la même longueur que le corps de la main. En vous fondant sur l'illustration, dessinez les arcs de cercle qui vous permettront de situer toutes les longueurs des doigts ; avec de la pratique, ceux-ci s'inscriront comme forme récurrente dans votre technique.

**4** Ébauchez maintenant les doigts. Le pouce doit dépasser de peu la phalange de base de l'index. L'auriculaire doit quant à lui arriver au niveau de la base de la dernière phalange de l'annulaire.

**5** Vous pouvez maintenant fignoler ; pour ce qui est des détails, voici quelques conseils pratiques.

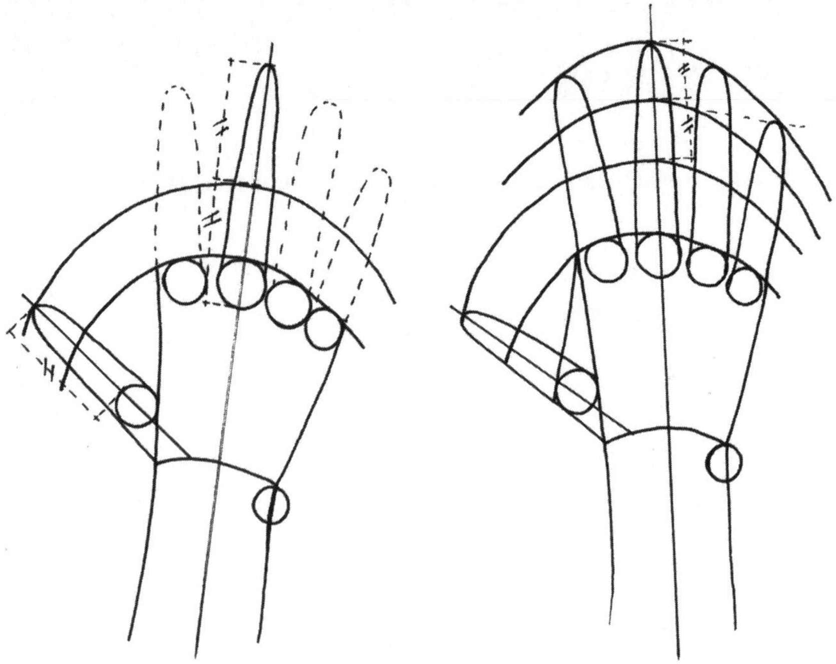

## Conseils généraux

- La main fait la même longueur que la hauteur du visage.
- La paume de la main est creuse à l'intérieur et bombée sur le dessus.
- Les doigts sont plus épais au niveau des articulations.
- Le pouce est le plus petit des doigts mais aussi le plus charnu.
- Les doigts féminins sont plus fins et « pointus » que les doigts masculins, qui sont plus larges et « carrés » ; de plus, l'articulation du poignet est plus marquée.
- Il est préférable d'omettre certains détails tels que les plis et rides sur les mains des personnages jeunes sous peine de les voir prendre vingt ans d'un coup.

Rappelons enfin que la main est l'une des parties du corps à la morphologie la plus variable. Grosseur des doigts, taille de la paume, implantation des phalanges, articulations visibles… Autant de facteurs donnant sa « personnalité » à la main. Ne vous arrêtez donc pas au millimètre de décalage tant que votre dessin ne ressemble pas à une paluche de Mickey…

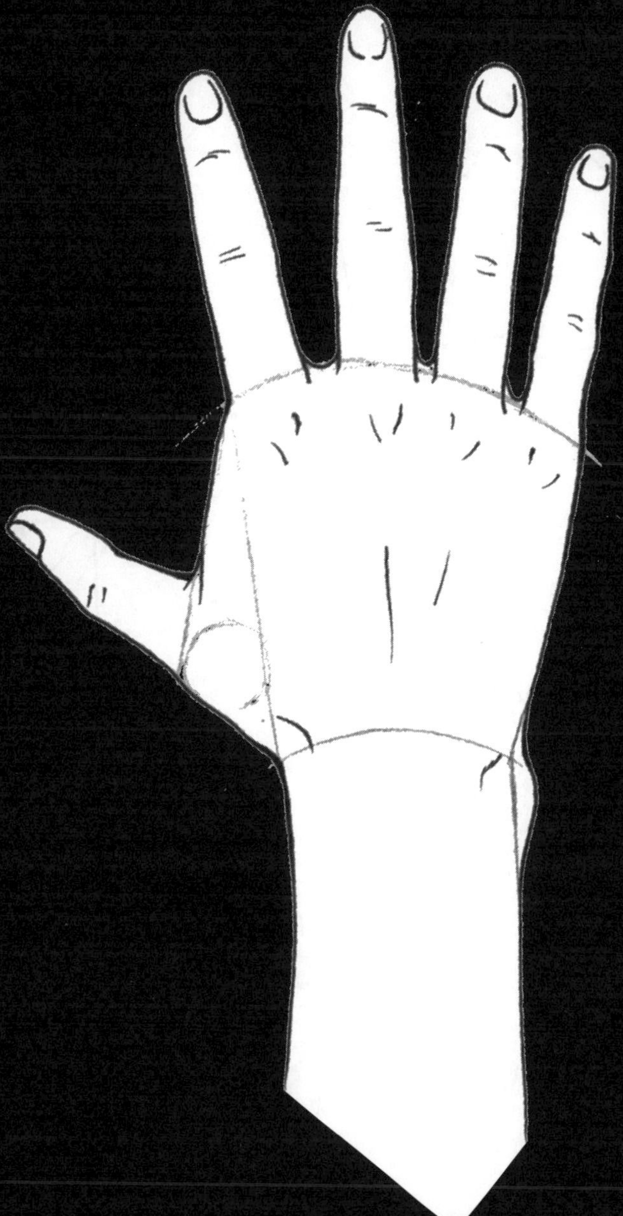

TIENS !
PRENDS ÇA, RIVAL !

## Corrections

# LE PIED

**Comme toutes les extrémités, les pieds font partie des pièges du corps humain. Toujours en mouvement, il vous sera difficile de les systématiser à travers une forme simple. Faites donc en sorte de les schématiser rapidement à travers plusieurs polygones pour pouvoir obtenir sans trop d'efforts un résultat satisfaisant.**

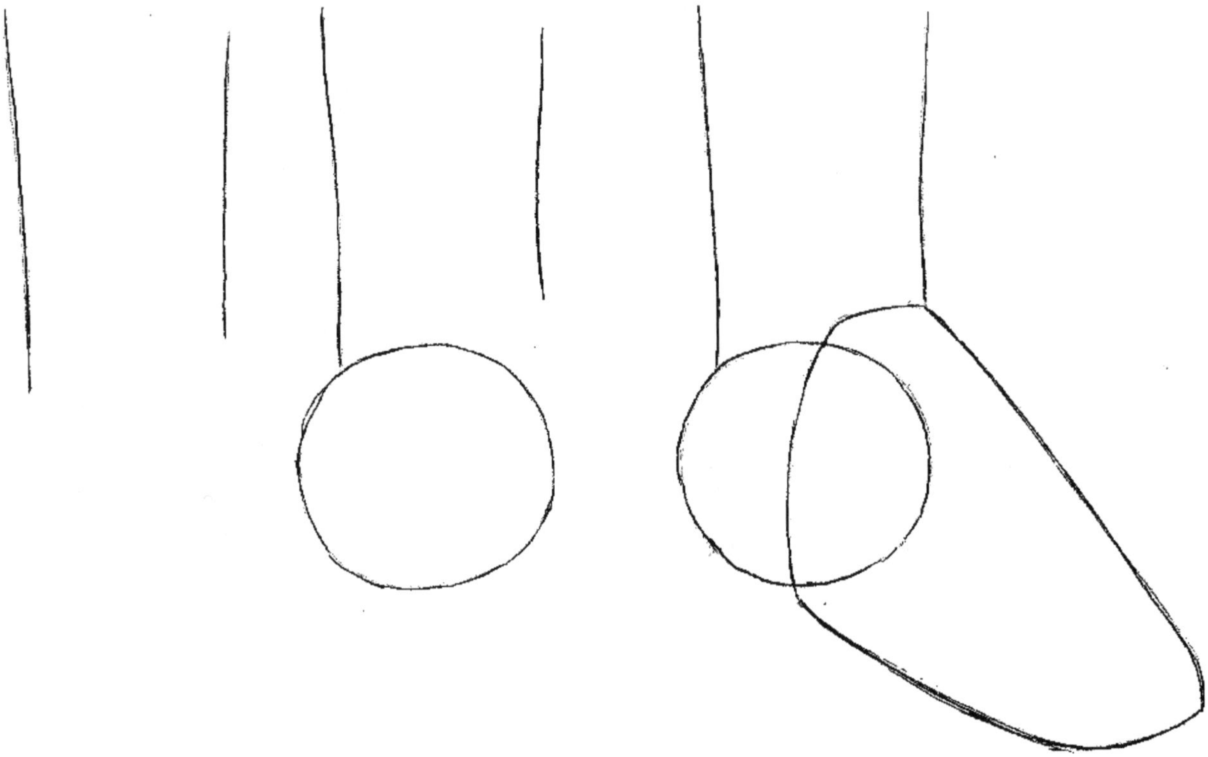

**1** Tracez d'abord le cercle qui délimitera le talon, accolez à celui-ci une forme rectangulaire (pelle à tarte). Elle fera environ deux fois le diamètre du talon et fera office de corps pour votre pied.

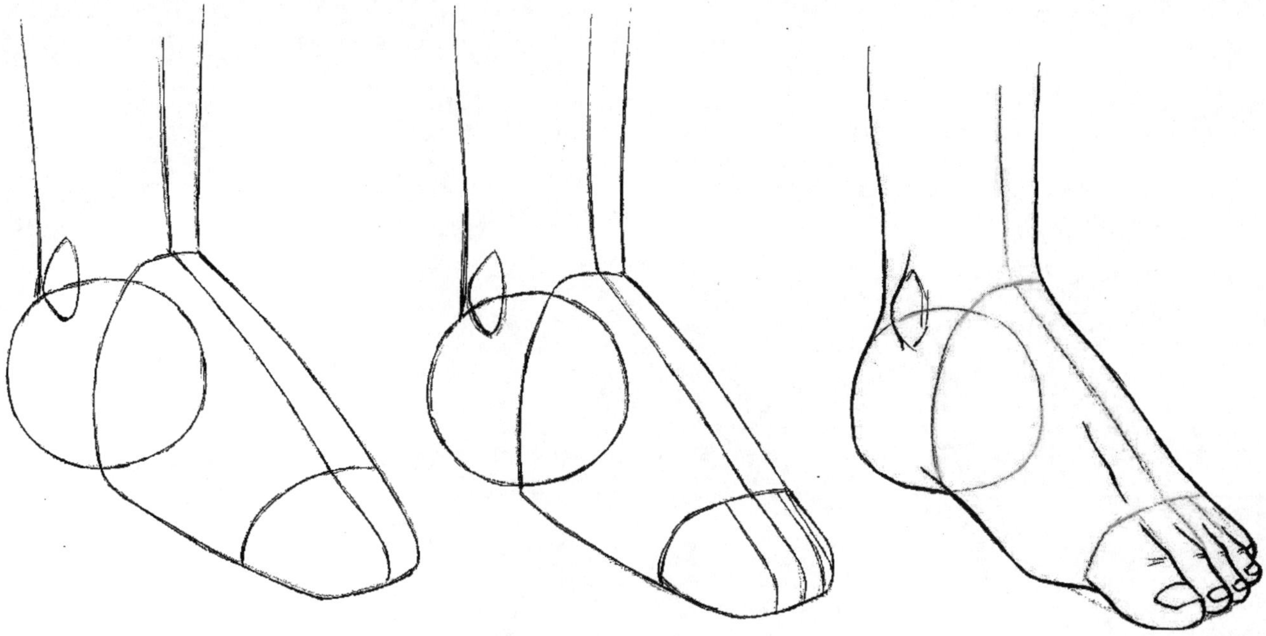

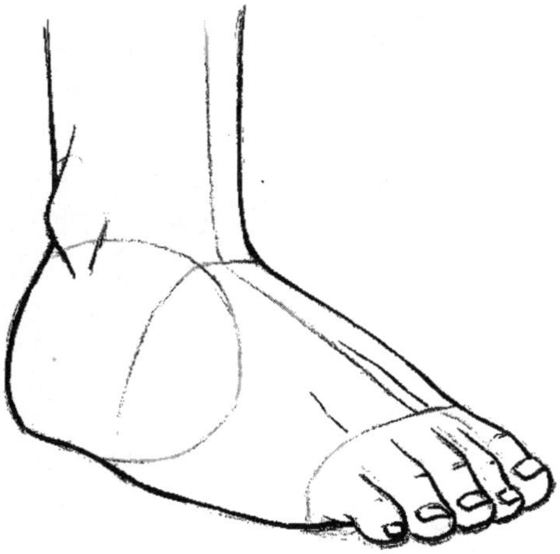

**2** Placez la malléole (bosse interne/externe de la cheville) en haut du cercle du talon.

**3** Délimitez les orteils en scindant l'extrémité de votre pied. Cette zone occupera entre deux tiers et trois quarts de votre pied.

**4** Une fois la mise en place terminée, passez à la finalisation en vous assurant que la voûte plantaire ne soit pas plate (plutôt incurvée) et que les ongles soient non pas de simples rectangles mais bien des trapèzes. Nous sommes à peu près tous équipés d'un pied, voire de deux, n'hésitez pas à les observer pour chercher vos repères et positions originales.

# BIBLE DE VISAGES

Bien qu'il ne faille pas confondre manga et caricature, l'exagération des proportions fait pleinement partie de la bande dessinée nippone. Le grand classique qui stigmatise le style à travers la France entière sont les grands yeux ; n'oublions cependant pas les sourcils, la forme du visage et la bouche. À vous d'exploiter tous ces paramètres afin de bien coller au style manga sans pour autant tomber dans l'archétype. Au final, ce qui doit caractériser vos personnages, c'est leur hyperexpressivité, particularité première du manga.

Si besoin est, pour une expression encore plus marquée vous pouvez utiliser les traits de marquage : plissements de la peau entre les sourcils, pli de la bouche, du front… N'en abusez cependant pas sous peine d'obtenir un personnage qui aura mal vieilli.

Enfin, si les morphologies de vos personnages ne suffisent pas à exprimer la démesure de leurs sentiments, vous pouvez toujours avoir recours à la grapholexie. Celle-ci consiste en l'ajout de symboles reconnaissables sur les visages : la goutte de sueur pour la gêne, les traits diagonaux sur le nez et sous les yeux pour la pudeur, le saignement de nez geyser pour les passages plus… torrides. Il en existe toute une panoplie correspondant à chaque émotion : si ce n'est déjà fait, allez donc potasser vos mangas pour enrichir votre champ d'expression.

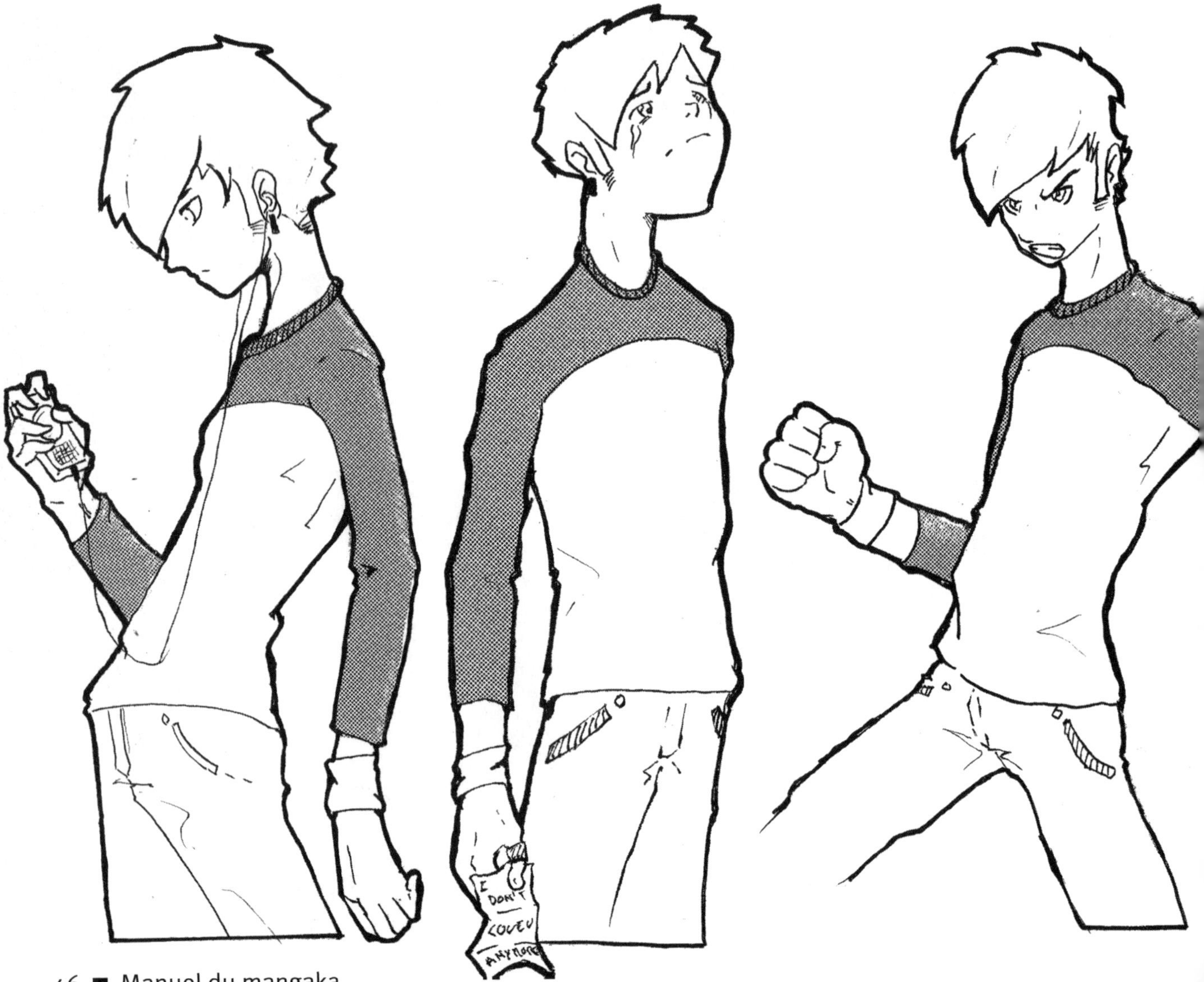

# HISTOIRE DU MANGA

**Années 1950**

Celui qu'on surnomme au Japon *manga no kamisama* (le dieu des mangas), Osamu Tezuka, révolutionne dès 1947 le petit monde de la bande dessinée nippone. Il y incorpore des éléments nouveaux venus d'Occident tels les grands yeux inspirés des cartoons américains, le découpage dynamique des planches très cinématographique… Cette époque est celle du manga naissant, adressé aux plus jeunes. Tezuka règne alors en maître sur ce petit monde.

**Années 1960**

Une décennie après l'apparition du manga, celui-ci se diversifie grâce aux œuvres de Yoshihiro Tatsumi. Celles-ci sont en rupture totale avec les histoires bon enfant de Tezuka et s'adressent à des publics mûrs à travers des histoires noires et souvent violentes. On peut considérer ce style à part entière, nommé *Gekiga* (« images/dessins dramatiques ») par son inventeur, comme le digne ancêtre de nos seinen mangas.

**Années 1970**

Le manga existe maintenant depuis suffisamment longtemps et a su diversifier son public à tel point qu'il peut maintenant aborder tous les sujets de société : politique, économie… Mais, ce qui fera basculer cet univers dans la forme que nous lui connaissons aujourd'hui, c'est l'apparition des *goodies*, produits dérivés des séries animées. Ceux-ci connaissent en effet eux aussi un essor considérable.

### Années 1970 shôjo

Comme à son habitude, le maître Tezuka avait déjà tout fait avant les autres. Ainsi, c'est lui qui dès 1953 avait réalisé la première œuvre shôjo, manga destiné aux adolescentes. Il faudra par la suite attendre une vingtaine d'années pour réellement voir ce genre si prisé aujourd'hui se développer réellement.

### Années 1980

Durant cette décennie, le marché du manga connaît une véritable explosion : on dit des vingt années à suivre qu'elles sont l'âge d'or du manga au Japon. On peut citer parmi les événements marquants de cette époque les débuts d'un jeune mangaka prometteur : Akira Toriyama, auteur pour l'heure de *Dr Slump*. Katsuhiro Ôtomo profite également de la bonne période pour dessiner le désormais mythique *Akira*.

### Années 1980 shôjo

Le shôjo des années 1980 se démarque quelque peu de son aîné de dix ans à travers des histoires moins aventureuses et plus sentimentales. Le style commence à acquérir sa propre marque de fabrique à travers des scénarios s'éloignant définitivement du shônen et se tournant plus vers des instants de la vie quotidienne tintés de romance.

Profitant toujours de la période tranquille dans laquelle baigne le manga (et ce malgré la crise économique qui frappe le Japon), Akira Toriyama continue sur sa lancée et s'illustre par son œuvre la plus importante : *Dragon Ball.*

L'industrie des goodies n'a jamais connu une telle activité, notamment avec la sortie de la série disposant du meilleur plan marketing de l'histoire ; celle à laquelle vous n'avez pu échapper si vous avez un jour mis un pied dans une boutique spécialisée en « japanimation » : *Evangelion.*

**Années 1990 shôjo**

Le studio le plus connu du monde du manga au féminin commence à faire parler de lui à cette époque : les Clamp. Ses nombreuses productions marqueront d'ailleurs cette décennie par leur abondance et leur qualité. Le shôjo, d'un point de vue plus global, se fait plus mûr, les scénarios s'adressant aux jeunes filles se font parfois plus « explicites ». Ce constat créera d'ailleurs polémique sur l'archipel.

**Années 2000**

Des auteurs tels Masashi Kishimoto et Oh! Great occupent le devant de la scène. La France a bel et bien adopté ce nouveau type de lecture tandis que le Japon s'interroge quant à la direction que prend son marché. Les professionnels estiment que l'inspiration vient à manquer et que la création tourne en rond. Une opportunité certaine pour de jeunes talents pleins de créativité et de motivation venant d'autres horizons…

Cette fois, le pas est franchi : les lectrices de la première heure n'ont plus 12 ans et le shôjo se voit affublé de sous-genres beaucoup plus matures tel le *yaoi* (genre mettant en scène des relations gay de manière plus ou moins imagée). Le style graphique n'en est quant à lui plus à ses tâtonnements et impose sa griffe sans plus se confondre avec quoi que ce soit d'autre.

# 2. Scénario, genres et codes

« Vous n'êtes pas sans savoir, en tant que fan féru de manga, que ce style ne se caractérise pas uniquement par l'originalité de ses graphismes. Son caractère unique réside surtout dans sa construction narrative. L'importance de la classification en grands genres est également l'une des clefs de voûte de cette industrie particulière. Et, pour bien parler des différentes grandes familles du manga, il faut l'aborder sous l'angle du business. »

La publication de manga au Japon se veut avant tout lucrative ; elle se décline sous la forme de réponses adaptées au plus grand nombre de types de publics possibles. Ainsi, chaque tranche de la population se voit offrir sa petite BD faite sur mesure pour satisfaire ses attentes propres. On peut par exemple évoquer la distinction la plus évidente : le shônen pour les garçons et le shôjo pour les filles. Cette sectorisation un peu caricaturale peut paraître réductrice pour les lectorats mais constitue l'esprit même de la construction scénaristique du manga ; sa marque de fabrique et la clef de son unicité.

Ce chapitre met donc en lumière la structure d'une trame à la japonaise. Il vous sera utile si vous désirez faire non pas seulement de la BD d'inspiration graphique manga, mais bien du manga de A à Z.

# CONSTRUCTION D'UNE HISTOIRE

**Pour que votre scénario suscite le plus grand intérêt, il doit se conformer à certaines règles. Elles sont la base de l'écriture et de la scénarisation. L'enchaînement cohérent des phases scénaristiques majeures permet au lecteur de retrouver un schéma narratif classique dans lequel il a déjà ses repères, facilitant ainsi sa lecture. Les voici dans l'ordre.**

## Introduction

Très importante, elle va fidéliser dès les premières pages ou au contraire repousser votre lecteur. C'est le moment d'en mettre plein la vue aussi bien graphiquement qu'au niveau de l'action. Techniquement parlant, l'introduction permet de lancer l'histoire sans pour autant dévoiler les points d'intérêt majeurs de votre trame. Le dynamisme est de mise car il donnera le rythme de la suite de votre narration.

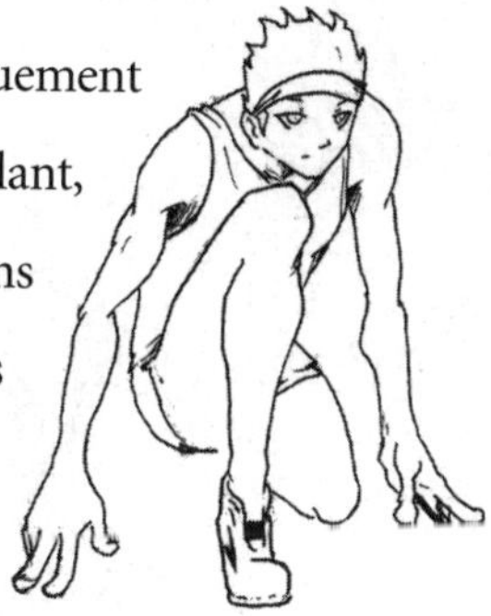

## Développement et élément perturbateur

Le vif du sujet ! Enchaînez directement sur l'action sous peine de perdre vos lecteurs en route. Cette partie vient, après la mise en place succincte de l'introduction, renforcer les bases de votre scénario. Cette phase de progression occupe une place prépondérante puisqu'elle est à proprement parler l'action ; comptez à peu près les deux tiers de vos pages pour cette partie.

À cette étape surviennent les péripéties ;

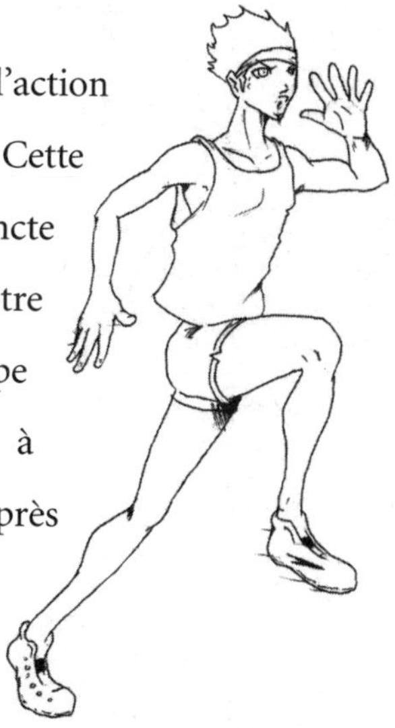

l'élément perturbateur qui vient faire de votre gentille petite histoire un monde sens dessus dessous dans lequel le héros va, par ses actes, être moteur de l'action. L'action ne se limite d'ailleurs pas à des histoires bondissantes où l'on cogne à longueur de page ; une complication au sein d'une relation amoureuse constitue, par exemple, un autre type d'action.

## Conclusion

Le terme de votre cheminement avec le lecteur doit être le point d'orgue de vos aventures ; celui-ci laissera l'impression finale dans l'esprit de ceux qui vous auront lu. Si votre développement a été mou, il y a peu de chances que votre lectorat vous ait suivi jusqu'au dénouement. En revanche, vous pouvez faire une œuvre brillante tout du long mais, si vous ne parvenez pas à la finaliser dignement, il suffira d'une fin médiocre pour rabaisser votre chef-d'œuvre au rang de bouquin sans saveur.

Les choix sont multiples quant à la manière dont on peut boucler une aventure : surprendre le lecteur, finir sur une chute (fin inattendue parfois porteuse d'une morale), laisser l'histoire en suspens… Mais ne perdez pas de vue que vous adressez avant tout votre création à votre lectorat, celui qui vous aura permis de faire avancer votre projet jusqu'à ce moment crucial où vous devrez tirer votre révérence. Une fin nébuleuse ou en rupture avec tout ce que vous avez mis tant de temps à mettre en place peut être mal perçue par votre « fan-club ». Restez fidèle à vous-même mais faites en sorte de le rester également envers ceux qui vous ont lu. Nous avons tous eu droit à notre lot de déceptions au terme d'une collection de plus de trente tomes… Frustrant, non ?

Notons enfin que, grâce au système de construction en arcs, le manga

peut inlassablement repasser, dès la résolution d'une péripétie, au point initial, étirant l'intrigue indéfiniement. Une fois l'introduction passée, il suffit à l'auteur d'organiser ce schéma simple sur plusieurs grands arcs incarnant une péripétie majeure variant à chaque fois. L'évolution du héros permet de s'adapter au lectorat vieillissant tandis que les rencontres qu'il fait, les lieux qu'il visite et les quêtes ou préoccupations inédites auxquelles il fait face apportent la nouveauté. Mais gardez à l'esprit que ce genre de mécanisme n'est utile que lorsque vous prévoyez une série très longue et que votre éditeur le voit du même œil…

# LA NOTE D'INTENTION

**Une fois le projet clair dans votre esprit, vous pouvez passer à la rédaction de la « note d'intention ». Elle rassemble de manière concise les éléments principaux de votre manga.**

**Cette synthèse se révélera vitale si un jour votre projet passe devant un éditeur ; démarche « pro » oblige.**

Pour rédiger votre note d'intention, concentrez-vous sur les dix points suivants :

1. **Le titre.**
2. **Le format.** Prévoyez le nombre de tomes, la division en chapitres, etc.
3. **Indications de lieu.** Où se déroule votre histoire ?
4. **Indications de temps.** Quand se passe-t-elle ? Suit-on le personnage sur plusieurs années ?
5. **Genre de l'histoire.** Comédie, western, documentaire, scientifico-médiéval, etc.
6. **Concept.** Décrivez en quelques mots, une ou deux phrases, pas plus, ce que sera votre histoire.
7. **Contexte de l'histoire.** Sur quel fond se déroule votre histoire ? Est-ce un monde imaginaire ? Qu'est-ce qu'il s'y passe ?
8. **Références.** De quel manga(s), film(s), histoire(s) connu(s) pourrait se rapprocher votre projet ? Ceci permet à votre potentiel éditeur et à vous-même de bien le visualiser.
9. **Pitch.** C'est un résumé rapide de l'histoire ; allez à l'essentiel mais n'oubliez aucun événement important.
10. **Fin de l'histoire.** Sans tout détailler, quelle tournure prend votre histoire ? Le héros devient-il méchant ? La Terre explose-t-elle ? Cette note n'est pas adressée aux lecteurs, n'ayez donc pas peur de dévoiler la fin de votre histoire.

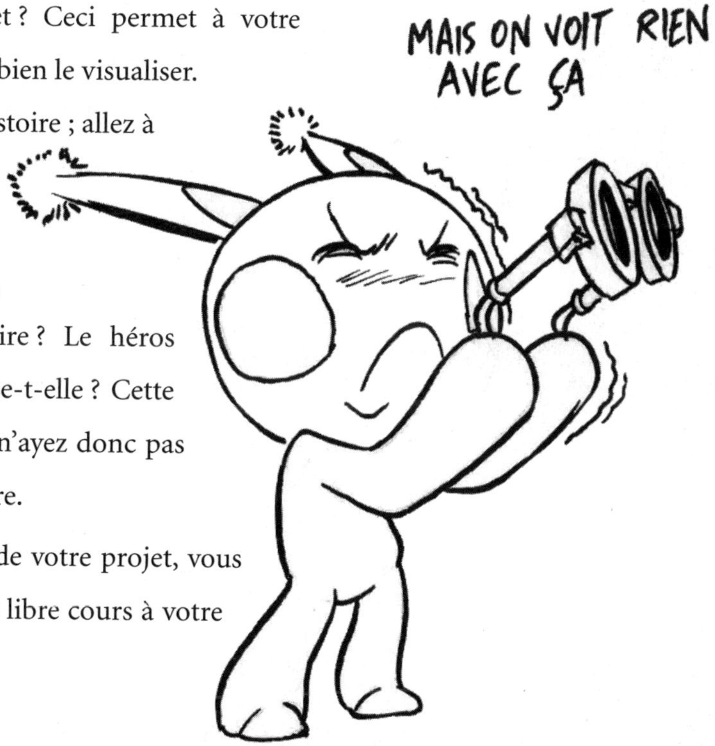


Vous voici maintenant avec le squelette de votre projet, vous n'avez plus qu'à le développer en laissant libre cours à votre imagination.

# LA BIBLE DU MONDE

**Ce premier outil est l'un des plus importants dans la réalisation de votre histoire, surtout si cette dernière nécessite beaucoup de clefs de lecture. Les bibles du monde des univers de type héroïque-fantaisie sont d'ordinaire plutôt difficiles à transporter si vous ne travaillez pas sur format numérique... Votre bible fera office de dictionnaire pour les professionnels qui pourront ainsi avoir une vue d'ensemble sur votre monde et savoir rapidement si celui-ci est bien construit.**

Ne lésinez pas sur les détails, ceux-ci sont indispensables à la cohérence de votre propos même s'ils ne sont pas directement évoqués au cours de votre narration.

Voici un exemple de types de définitions qui devraient figurer dans votre bible pour un univers fantastique :

- **Elfes noirs des tribus du nord.** Appelés Voudlek't dans leur langage, ils ont migré au deuxième siècle après le Grand Chaos depuis les montagnes de l'Est, le lieu de naissance de cette peuplade nocturne. Fervents adorateurs de leur déesse tutélaire Rtxia (aussi définir la déesse « Rtxia »), ils s'adonnent à la magie chaotique...
- **Grand Chaos.** Guerre qui embrasa la terre de Gniaf (à prononcer « gueuniaf ») et entraîna tous ses peuples vers une quasi-extinction. Unité de temps représentant le point zéro de la civilisation et l'avènement de tous les peuples modernes de la terre de Gniaf.

- **Magie chaotique.** Issue des recherches menées par les moines Zguarg vers le cinquième siècle avant le Grand Chaos, cette magie n'est plus aujourd'hui maîtrisée que par les adorateurs de Rtxia. Elle tire sa puissance occulte des sacrifices pratiqués à la lune et aux arbres morts. Sa pratique s'apparente à la nécromancie et aux envoûtements.

Essayez de ne rien omettre même si la rédaction de ce pavé pourra vous paraître quelque peu fastidieuse.

Les fiches personnages doivent également y figurer. Certains visuels pourront vous aider à clarifier votre propos : un bon schéma vaut parfois mieux qu'un long discours. Les suppléments inclus dans certains mangas sont souvent extraits de bibles du monde.

# LA TIMELINE

**Elle va définir la chronologie de votre histoire et vous permettre, à vous ainsi qu'à votre potentiel éditeur, de vous retrouver dans celle-ci. Même si elle vous paraît limpide, n'oubliez pas que vos lecteurs ne s'y retrouveront pas nécessairement aussi aisément que vous. Il est donc primordial de clarifier une bonne fois pour toutes ce point en n'hésitant pas à le poser sur papier, aussi fastidieux que cela puisse vous paraître.**

Cette timeline peut se présenter sous des formes diverses laissées à votre discrétion : frise chronologique, tableau Excel, texte point par point… Notez-y dans l'ordre tous les événements importants faisant avancer l'intrigue. Vous pourrez ainsi vous y référer même si vous n'avez pas travaillé durant une longue période sur votre scénario.

Voici un exemple de timeline :

- **Jour 0 :** naissance d'un ver de terre.
- **Jour 1 :** il débute l'ascension d'un arbre.
- **Jour 3 :** il arrive en haut de l'arbre.
- **Jour 3 + 10 minutes :** un oiseau passe et s'en saisit.

- **Jour 3 + 15 minutes :** le ver mange l'oiseau, il tombe.
- **Jour 3 + 15 minutes + 10 secondes :** il tombe dans l'eau.
- **Jour 3 + 15 minutes + 20 secondes :** il sort son jet pack et s'envole vers de nouvelles aventures…

# LE SÉQUENCIER

**Avant même de passer au dessin avec l'incontournable story-board, vous devez coucher sur papier vos scènes à la manière d'un script de cinéma. Ce document sera la forme textuelle la plus précise que vous aurez de votre histoire, elle doit donc être le plus aboutie possible. Cependant, par souci de clarté, vous devrez l'épurer au maximum et être le plus concret possible.**

Voici un exemple de séquencier.

Préciser si on est en intérieur ou en extérieur, s'il fait nuit ou jour.

Lieu.

Indiquer le numéro de la séquence.

| SEQ 1 | APPARTEMENT PARISIEN DU XIIIe | INT NUIT |
|---|---|---|

Dans un appartement de 20 m², quatre jeunes étudiants discutent autour d'une table. Sur la table plusieurs bouteilles d'alcool et des sodas sont entreposés. Sid, frêle et à la mine fatiguée, est assailli de questions. La sonnette retentit.

*CÉDRIC en se levant pour aller ouvrir.*

C'est quand même dingue, cette histoire, ils te prennent la tête alors que c'était un accident et surtout tu aimais Lau'... Ils craquent de penser que tu aies pu la tuer en feignant un accident.

*SACHA*

Cédric ! Bonjour la délicatesse...

*ÉRICA à SID en chuchotant*

Il faut qu'on parle.

*Il ouvre la porte. Charles et Felipe sont sur le seuil de la porte, souriants.*

*CÉDRIC*

Yeah Guys ! Genki ?

*Ils se font la bise.*

*CHARLES*

Tranquille, tranquille... Yeah mes belles, comment ça va ?

*SACHA*

Toi alors. Quel charmeur !

*FELIPE*

Merde ! On a oublié les bouteilles !

*SID et ÉRICA en se levant.*

On va en chercher !

*FELIPE*

Je suis vraiment désolé, c'est à moi d'y aller, restez là...

*SID*

Non, t'inquiète pas.

*Leurs vestes sur le dos, Sid et Erica passent la porte. Cédric la ferme derrière eux.*

*CHARLES*

Ils sont oufs ces deux-là... *(Son regard change)* J'ai appris pour Laurence. Comment va Sid ?

*CÉDRIC sur un ton ironique*

Mis à part le fait que sa copine est morte et que la police le soupçonne d'être responsable de l'explosion de l'appart', ça va, il gère...

| SEQ 2 | RUE PARISIENNE du XIII$^{e}$ | NUIT |
|---|---|---|

**Précisons enfin que ce séquencier-ci est sous forme d'une suite de dialogues. Mais vous pouvez ne faire figurer que les actions des personnages, et les changements d'environnement.**

*SID*

Qu'est-ce qu'il y a ?

*ÉRICA*

Tu sais qu'il faut qu'on parle.

*SID*

Quoi ! Tu veux savoir si c'est ma faute, alors, oui... *(Les larmes aux yeux)* Je te le dis, c'est ma faute ! Ma faute !

*ÉRICA*

Ne dis pas n'importe quoi ! Tu n'as rien à voir là-dedans...

*SID*

Ah oui ?!

*Il tend sa main et en fait jaillir des flammes.*

*SID en pleurant*

J'ai explosé, Erica... J'ai pas pu me contrôler et j'ai explosé. Elle essayait de m'aider... Juste de m'aider. Tout est ma faute.

*Il tombe dans les bras d'Erica.*

# LE SHÔNEN

**Ces œuvres destinées aux jeunes garçons se cantonnent généralement au sport, au combat, à l'enquête policière, à l'héroïque-fantaisie, à la science-fiction... Ces sujets peuvent être traités « purs », mais leurs rencontres diversifient les thématiques et sont fréquentes ; de leur originalité dépend la qualité du divertissement offert par l'intrigue.**

Ce genre lu par tous bien qu'initialement adressé aux adolescents comble parfois son public à travers des dessins complaisants ou grivois (nommées *fan service* dans le cadre du manga). De l'action, un parcours initiatique, des petites culottes, des exploits, des rivalités, des voyages, des poitrines rebondies, des combats et de l'amitié…

L'analyse du shônen peut mettre en évidence une certaine redondance dans ses sujets et leur traitement, mais la récurrence essentielle se trouve pourtant ailleurs. Le manga shônen (littéralement « jeune garçon ») se veut, outre une lucrative industrie, un vecteur de valeurs pour les jeunes lecteurs japonais. Le dépassement de soi est l'un des discours les plus présents avec des héros accablés de toute part surmontant toujours leurs difficultés ou se relevant inlassablement après leurs chutes. L'amitié et l'importance du groupe à la japonaise ne sont pas en reste avec des rencontres, la formation de groupes, leurs cheminements à travers leurs quêtes… Souvent même le ralliement des ennemis à la cause du héros après que celui-ci les eut défaits.

Graphiquement, le dynamisme caractérise le shônen ; les traits de vitesse, les déformations des corps et les perspectives élaborées sont très présents afin de servir les sujets vitaminés. Le style épuré en vigueur donne un résultat assez aérien où l'œil circule vite, rendant le décryptage fluide et la lecture rapide.

Si vous avez le feu à la plume et un goût pour les histoires longues où l'on ne se prend pas trop la tête, ce genre vous correspondra sûrement.

# LE SHÔJO

**Son arrivée en France, vers 1980 (pour les versions papier), représente une véritable avancée dans notre petit univers BD. En effet, entre album franco-belge et comics américains, l'Hexagone ne comptait alors aucune bande dessinée réellement destinée au public féminin.**

Les romances et la vie quotidienne des héroïnes sont les thèmes majeurs de ces publications pour adolescentes. L'école, les amies, les garçons, la vie... Ces thèmes sont narrés depuis un point de vue souvent unique contrairement au shônen, qui diversifie les narrations à travers le regard des différents membres du groupe. La part belle est faite aux sentiments ; la narration s'articule autour du ressenti des personnages. Il ne faut cependant pas réduire ce genre aux romances ! Des auteurs célèbres telle Rumiko Takahashi ont construit tout leur travail autour d'histoires riches en batailles où seul le traitement varie par rapport au shônen. Les *Magical girls* sont également des héroïnes shôjo, jeunes filles investies de pouvoirs magiques, aussi justicières que leurs homologues masculins.

Pour ce qui est du dessin, le shôjo est beaucoup plus habillé que le shônen car l'utilisation des trames, notamment à motifs, y est bien plus importante. Les fonds blancs sont régulièrement agrémentés par des trames d'ambiances aux motifs floraux ou lumineux. Ces fonds servent souvent de grapholexie (signes stéréotypés figurant sur les visages des personnages exprimant de manière visuelle leurs sentiments). Les personnages sont la plupart du temps bâtis sur des modèles élancés, longilignes. Les visages sont expressifs à l'extrême. Les hommes y apparaissent souvent comme des gravures de mode mais le shônen ne se gêne pas pour mettre en valeur la plastique féminine…

Le shôjo est résolument féminin autant du côté de ses lectrices que de ses créatrices. Si le shônen jouit de quelques grandes auteures, le shôjo ne s'illustre pas par les hommes qui le dessinent. Sa sensibilité et l'exploitation particulière de ses trames sauront peut-être vous rallier à leur cause si vous recherchez une approche plus intimiste que celle du shônen.

# LE SEINEN

**Ce style particulier rassemble les mangas destinés au Japon aux jeunes hommes. En tant que lecture adressée à un public plus âgé, le seinen peut se permettre des sujets et des scènes sans restriction morale et montrer plutôt que suggérer. Cette liberté ouvre le champ créatif des auteurs à des horizons plus tortueux et sombres. Mais la maturité des lecteurs permet également de traiter des sujets de société, des moments de la vie de tous les jours vus sous un angle poétique… Le champ est donc très large. Les codes du seinen sont les plus complexes à définir puisque les mangaka produisent tous azimuts ; ce style est celui qui jouit de la plus grande diversité dans ses contenus.**

Les éditeurs eux-mêmes se font moins contraignants alors que pour le shônen et le shôjo beaucoup de paramètres sont immuables et exigent des corrections de la part des auteurs. Cette liberté permet au seinen de se démarquer. S'affranchissant des archétypes du manga, certains seinen peuvent d'ailleurs se comparer à des BD occidentales dans leurs formes et leurs propos.

Visuellement, le genre se distingue encore une fois par sa richesse et sa diversité. Il se rapproche souvent d'une vision shônen de l'action, et la démarcation s'observe plus dans le trait que dans l'organisation et la dynamique des planches. L'indépendance laissée aux auteurs donne souvent un style plus fouillé par le biais de l'utilisation plus poussée de la plume, rendant les trames moins systématiques.

Le seinen est la plupart du temps pratiqué par des mangaka d'expérience. Il requiert un certain recul ; vous l'affectionnerez sûrement si vous avez en tête des scénarios complexes ou des trames requérant une certaine maturité à la lecture.

EN CE QUI CONCERNE LE VISUEL ET LA MISE EN PAGE, ON REMARQUE AUSSI DES DIFFÉRENCES ENTRE LES GENRES.
SHÔNEN
SHÔJO
SEINEN
UN STYLE SHÔNEN ADOPTERA UNE COMPOSITION DYNAMIQUE !
VARIANT LA TAILLE DES CASES ...
TCHA
ET UTILISANT BEAUCOUP DE TRAITS DE VITESSE OU D'EFFETS DE MOUVEMENT !
BAF
MÊME EN BOXE C'EST MOI QUI MORFLE ?
TANDIS QU'UN STYLE SHÔJO UTILISERA UNE MISE EN PAGE TRÈS AÉRÉE
AVEC MOINS DE DÉCORS DANS LES CASES
SHHHHHHH

UTILISANT TRÈS SOUVENT DES AMBIANCES ET EFFETS DE TRAMES.
ALORS QU'UN STYLE SEINEN POURRA MONTRER UNE COMPOSITION PLUS CLASSIQUE ...
AVEC DES CASES TRÈS DROITES ...
CLIK
MAIS AVEC UN VISUEL FORT JOUANT SUR LES DÉCORS ET LES AMBIANCES.
VRRRR
PAN
BIEN ENTENDU, LA COMPOSITION ET LE VISUEL DOIVENT SERVIR LE SCÉNARIO, EN ACCENTUANT LES SCÈNES DRAMATIQUES, PAR EXEMPLE.
À VOUS DE TROUVER LE STYLE QUI CONVIENT LE PLUS À VOTRE HISTOIRE.

# LES MAGAZINES DE PRÉPUBLICATION AU JAPON

**Malgré le très fort engouement que le manga rencontre à l'intérieur de l'Hexagone, le système des prépublications n'a jamais réussi à s'exporter bien que les éditeurs français aient timidement tenté quelques approches. Ce mode de parution est pourtant la clef de voûte du manga au Japon plutôt que les tankobon (volumes reliés rassemblant plusieurs chapitres d'une série ; « à la française »).**

Ce système permet aux éditeurs de l'archipel de publier à moindre coût les séries et de jauger leur popularité. Un titre sans public est ainsi repéré avant même que des sommes soient engagées dans l'édition d'un onéreux premier tome relié ; auquel cas la série est arrêtée sans attendre. Cette technique est la base de toute l'organisation marketing que constitue le manga au Japon. Le papier n'est que le début d'un long processus qui engrange des sommes colossales : celui-ci ne coûte rien et ne rapporte en réalité pas grand-chose, seuls les *goodies* comptent réellement. En effet, tout le merchandising développé autour d'un manga peut déboucher sur des déclinaisons innombrables de la licence initiale : *anime*, *goodies* (tout produit dérivé à l'effigie de la série)…

Mais revenons à nos moutons : les *mangashi* (nom japonais pour « magazine de prépublication de manga »). Ils se présentent la plupart du temps sous la forme de monstrueux pavés littéraires pouvant atteindre jusqu'à huit cents pages et peuvent contenir jusqu'à vingt chapitres provenant chacun d'une série différente. Très encombrants, ils ne sont pas conçus pour être conservés ; le Japon compte même des poubelles faites spécialement au format pour accueillir ces dictionnaires à la sortie du métro. Le papier utilisé pour leur fabrication est de qualité particulièrement médiocre car il est issu du recyclage des tomes précédents.

Toujours dans l'optique de cibler le public le plus précisément possible et de proposer un produit à chaque lecteur potentiel, les maisons d'édition organisent leurs magazines par genres. Le *Shônen Jump*, l'un des plus importants, annonce le public dès la lecture du titre. Sur ce secteur, la concurrence est rude : le *morning*, *shônen Sunday*, *jump square* ou encore *shônen magazine*... Cette organisation se retrouve pour les autres genres également : les représentants les plus connus en sont le *bessatsu shôjo comic* et le *young gangan*. Au-delà de ces catégories majeures, d'autres mangashi spécialisés existent avec une plus petite envergure : le mah-jong ou les pachinko (machines à sous) font l'objet de publications mensuelles.

Cette méthode de diffusion du manga apparente dans une certaine mesure la lecture à une simple consommation. Cependant, en se calant sur un rythme de série télévisée, les éditeurs créent une réelle tension et une attente face aux séries et fidélisent leur lectorat par leur présence continue sur le marché. Pour un album de Franco-belge, il vous faudra par exemple attendre en moyenne un an, le temps de se lasser pour certains... Ne pas pouvoir patienter une semaine, en revanche, ce serait vraiment être très pressé.

YEAH!

# 3 ■ Story-board, composition de planche

« Votre scénario est posé, les chara-design (*character design* ou dessin des personnages) sont définis ; il est maintenant temps de passer aux choses sérieuses : le story-board. Cette étape essentielle a pour but de donner à votre éditeur un avant-goût précis du rendu de votre travail tel que vous l'imaginez une fois terminé. Mais, ce qui rend cette étape indispensable, c'est surtout qu'elle va servir de brouillon à toute votre mise en page. Au Japon, l'auteur rend toutes les semaines (ou tous les mois) son *nemu* à son éditeur ; celui-ci peut l'accepter ou lui demander de tout revoir. La forme ébauchée d'un story-board vous évitera de rendre 27 planches façon Michel-Ange pour les voir finir à la poubelle à cause d'une divergence de point de vue. Une fois ces esquisses rendues et approuvées, libre à vous de passer des mois sur vos planches… si tant est que votre éditeur soit d'accord. »

# COMPOSER UNE IMAGE, UNE PAGE

**L'organisation de vos cases au sein des planches est fondamentale ; elle va définir le dynamisme de votre mise en scène, la vitesse à laquelle votre lecteur vous lira... Il est donc primordial que vous vous penchiez sérieusement sur la façon dont vous allez agencer tous les éléments présents au sein de la page, textes compris. La forme des cases et la manière dont elles seront imbriquées, la place que les bulles y occuperont, quelles actions seront placées aux points stratégiques de la page... Tous ces points seront importants pour que le visuel de vos planches, au-delà de votre style de dessin, soit accrocheur dès le premier coup d'œil.**

## Forme des cases

La caricature française du manga le dit fouillis à cause de ses cases aux formes variables ; c'est pourtant cela qui donne le dynamisme de l'action. Pour autant, prenez garde à ne déformer vos mises en page qu'à bon escient, ne cherchez pas à « faire manga » à tout prix sous peine de perdre en lisibilité et de tomber dans le cliché.

## Attaque de page

Les zones de texte doivent être placées dans la zone où, par habitude, les lecteurs les attendent ; le haut de la case. Pensez dès le tracé du cadre à la place que le dessin va occuper dans celui-ci et à celle que vous accorderez au texte, sans quoi vous serez sûrement forcé d'occulter certains détails.

Les « points stratégiques » où placer vos actions les plus importantes se situent en premier lieu en attaque de page, là où dès le premier regard la logique de lecture va porter l'œil. Sachant que la vision se déplace dans la planche en diagonale de haut en bas, de la droite vers la gauche, le sens de lecture japonais se révèle moins contraignant que le nôtre. En tenant compte de ceci, faites en sorte que l'essentiel de l'action se concentre sur cette zone sensible. Si vous optez pour des cases dynamiques, arrangez la façon dont elles s'enchevêtrent selon cette direction.

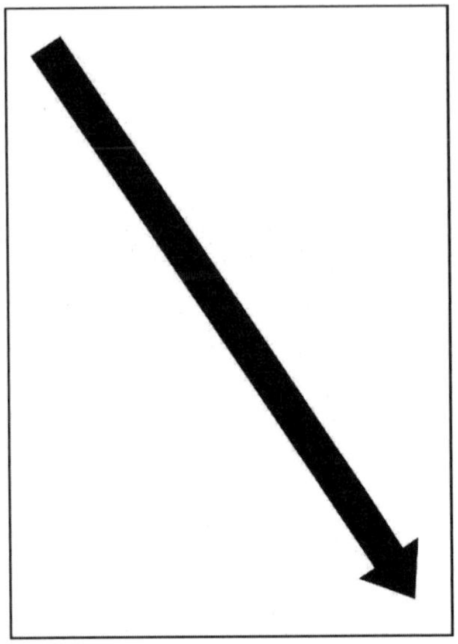

## Sens de lecture

Le regard se déplace quasi systématiquement de la partie supérieure gauche de la feuille vers la partie inférieure droite. Ce sens de lecture est celui qu'on retrouve la plupart du temps chez les Occidentaux. Faites en sorte de disposer votre action le long de cette diagonale, le regard la suivra en priorité. L'agencement de vos cases n'entre en jeu qu'après cette première lecture éclair.

## Attaque d'image

L'attaque d'image est la zone située en haut à gauche de la case, c'est à cet endroit que se posera en premier l'œil du lecteur. Exploitez cet espace en y plaçant vos bulles ou vos actions principales lorsque celles-ci se passent de texte.

Dans la zone supérieure de la case doit se trouver le sujet de l'image : celui-ci sera ainsi mis en valeur. N'hésitez cependant pas à occuper tout l'espace.

Sujet principal : le ciel

Sujet principal : la mer

Jouer sur l'inclinaison de l'image en penchant la ligne d'horizon et en postant les personnages de biais donne du dynamisme et évite l'ennui.

## Disposition des cases

La variété apportera une richesse visuelle à vos planches, permettant d'éviter la monotonie. Pour cela, jouez sur les tailles des cases. Variez également les formes de manière originale afin de donner un rythme à vos actions.

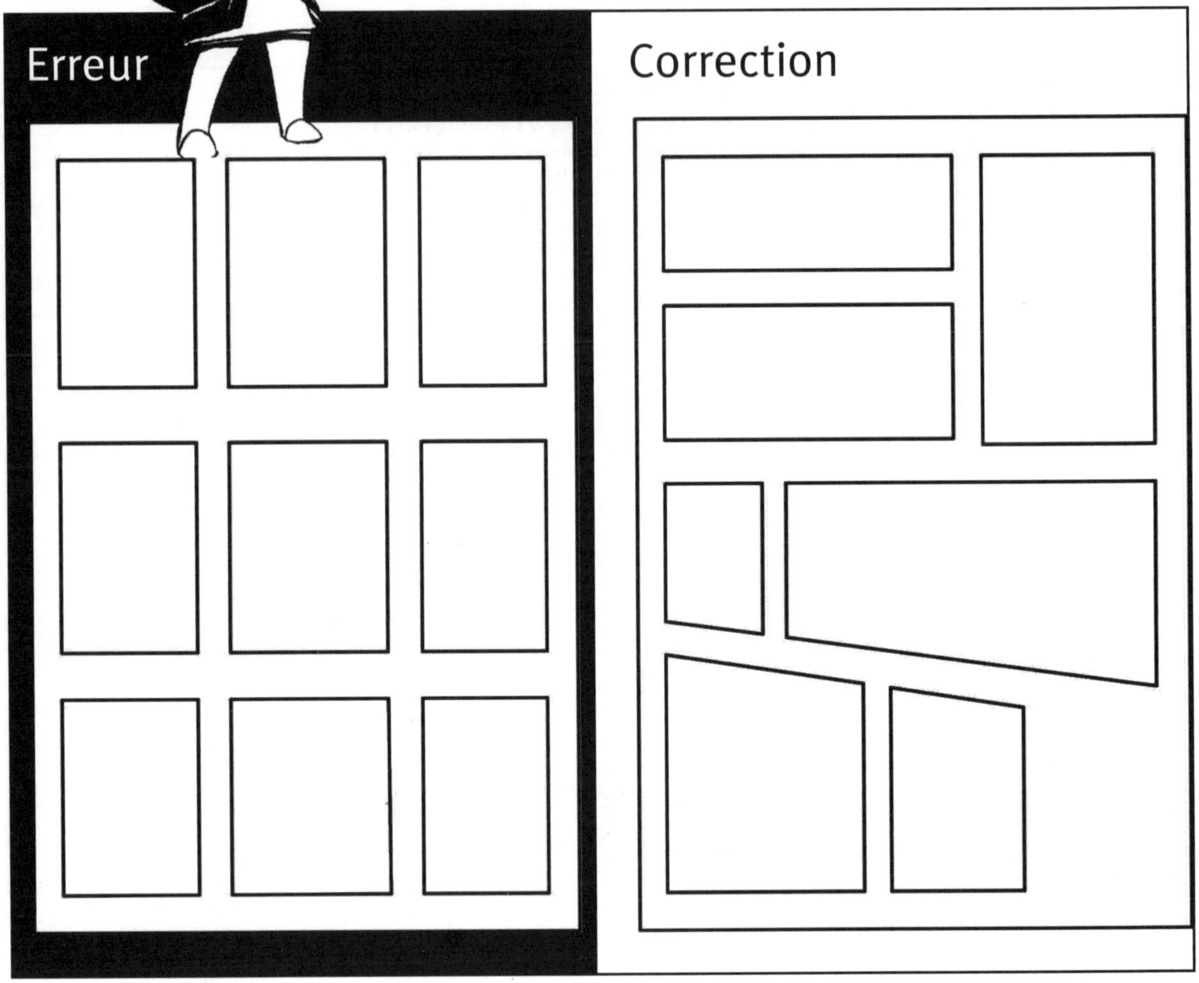

## Cases dynamiques

Faire sortir un élément de l'image en dehors de la case crée une certaine profondeur dans la page. Cet élément attirera l'attention et donnera plus de punch à la composition.

# Ellipses

Le concept de l'ellipse définit ce qui se passe entre les cases, ce que l'auteur ne juge pas nécessaire de dessiner et qui se devine lors de la lecture.

Strip en 3 cases

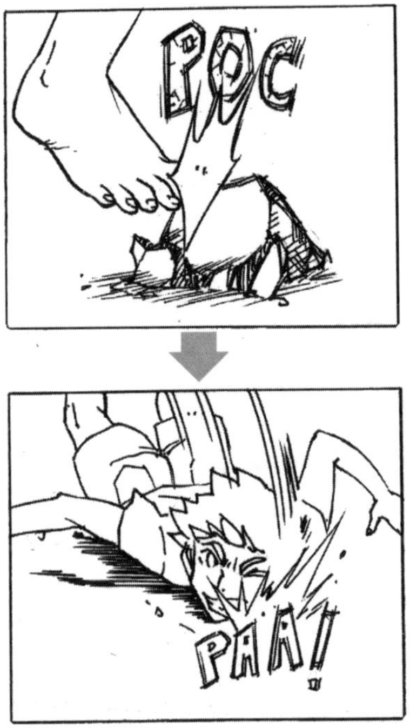


Bien que ce strip ne compte que 2 cases, la compréhension de l'action reste très bonne.

## Onomatopées

Il s'agit d'une transcription graphique d'un son ou d'une action. Elles accentuent les événements et s'intègrent à l'image. Le graphisme de ces onomatopées dépend de l'effet voulu.

Shôjo

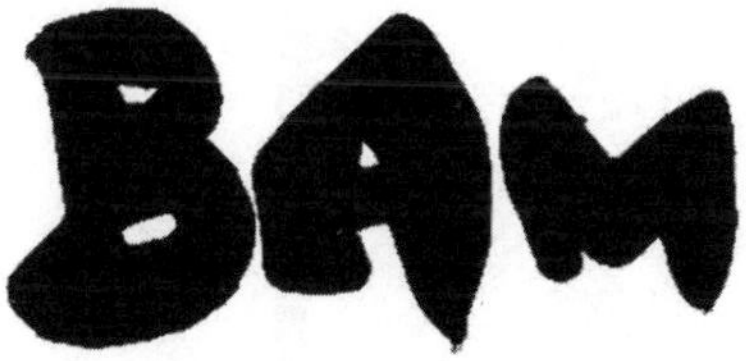


Comic

Trash (shônen)

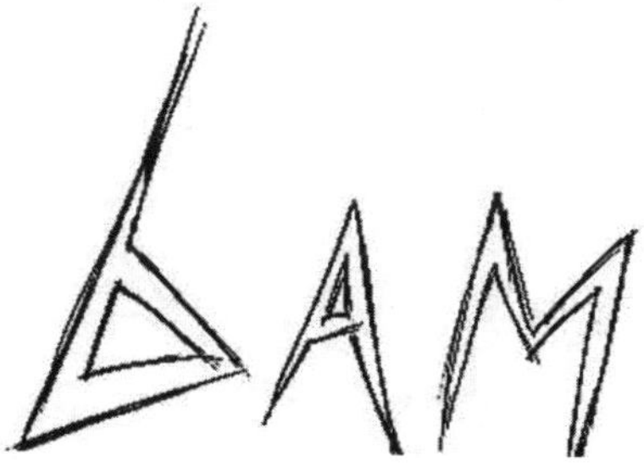


Seinen

Shônen

Action

# Erreurs

**Évitez les scènes où les personnages sont en vis-à-vis, sur le même plan. Un personnage raide ou systématiquement de profil renforcera l'impression que votre manga est plat. De même, l'absence de décor provoque l'ennui.**

Attention à la compréhension, dirigez l'action en suivant le sens de lecture.

La répétition des plans (cadrage) dans la mise en page rend la lecture monotone (voir la page de correction).

# Corrections

Pour rendre la planche vivante, recherchez des poses dynamiques : des personnages cambrés, en plein mouvement, des attitudes qui ne soient pas figées. La présence de décors donne de la profondeur.

Les personnages de profil peuvent être utilisés mais pas plus d'une fois par planche.

Attention au placement des bulles : pour une meilleure lisibilité, placez-les en haut à gauche quitte à dissimuler une partie négligeable du dessin !

# Corrections

Utilisez les cases dynamiques pour renforcer l'impact du dessin. N'hésitez pas à donner des formes originales à vos cases.

En fin de planche, mettez une case qui donne envie de passer à la page suivante.

Cette case n'a pas d'impact ; les personnages occupent trop de place par rapport à l'ovni, qui est l'élément le plus important dans l'image.

## Corrections

Voilà un exemple percutant de case bien agencée. Sa composition met en valeur cette scène qui est un point clé de l'action.

Sur des scènes importantes, vous pouvez réserver des pages entières et particulièrement travailler la composition. Ici, la pleine page souligne l'importance de l'action renforcée par la contre plongé. L'image est divisée en deux avec, en attaque de page, l'élément principal (les ovnis). Ce placement est stratégique, faites en sorte de toujours y placer l'essentiel. Le bas de la page vient quant à lui renforcer l'action dans le ciel.

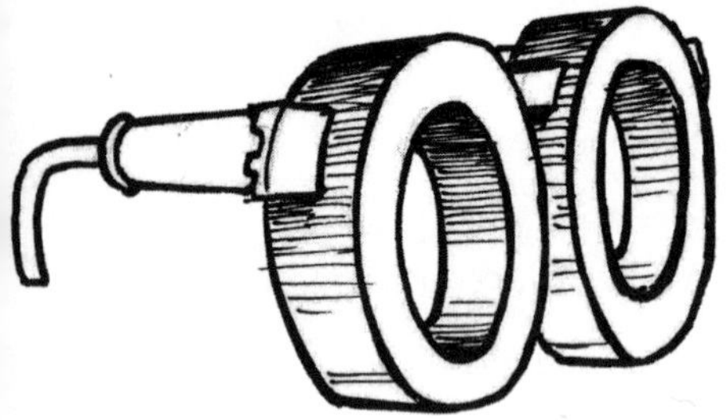

# MISE EN PAGE FRANCO-BELGE ET MANGA

**La narration de l'action dans le manga passe généralement par un étalage bien plus détaillé de la gestuelle et des événements que celle de la BD franco-belge. Cette abondance de détails et de poses donne le dynamisme général qui plaît tant, montrant un maximum de phases de l'action. Un combat à l'européenne s'étire généralement sur une à trois pages, certains mangas y consacrent deux à trois tomes d'à peu près 250 pages chacun… Il en va bien sûr de même, de manière moins flagrante, pour toute autre action : romance, enquête, quotidien…**

- Détailler le cheminement du personnage entre ses actions clés ne peut qu'augmenter l'immersion de votre lecteur (sans tomber dans le « Oh, tiens, un pli s'est formé sur ma manche ! »).
- Les images centrées sur les visages (gros plans) expressifs renforceront l'émotivité de votre personnage et faciliteront l'identification. Les shôjo en font usage à maintes reprises, obtenant ainsi un traitement particulier du sentiment.
- La préparation des mouvements, absente de la BD occidentale, permet au manga d'atteindre un niveau de lisibilité des gestuelles inégalé. Les prises de vitesse, d'appuis ou les focus (zooms) donnent du réalisme à des actions humainement irréalisables. Pour exemple, le mouvement le plus célèbre du manga et sa préparation : le *kaméhaméha*.
- Prendre un moment clé dans le mouvement et le suspendre dans une case donne un effet « arrêt sur image » qui souligne toute l'importance du geste. Cela crée également une attente pour le lecteur, un suspense par rapport à la suite de l'action.
- Les onomatopées occupent elles aussi une place importante dans le récit : leur placement au sein d'une case unique offre à l'imagination du lecteur une nouvelle ouverture. Faites attention, cependant, à ne mettre en valeur que les sons importants pour le récit pour ne pas faire un recueil de graff.

# Mise en page bande dessinée franco-belge

# Mise en page manga

KRRR
CRAK
...
?

# MANGA ET CINÉMA

**Outre l'invention du manga moderne, c'est aussi à Tezuka que l'on doit l'animation nippone. Son travail préalable sur le cinéma occidental lui a permis de définir le style de mise en page du manga. On retrouve en effet les mécanismes du cinéma à chaque page tournée ; d'où la vivacité à la lecture.**

La case saisit le moment clé du mouvement et donne une impression de continuité de l'action, telle une caméra. C'est ici qu'intervient la notion de « pose attitude » : image figée suggérant le geste dans son entier. L'œuvre de Charlie Chaplin dans le cinéma muet jouant sur l'hyperexpressivité peut être mise en parallèle avec les expressions et gestuelles des personnages dans les mangas.

La caractéristique première du genre, devant les grands yeux et les scénarios stéréotypés, est le dynamisme de la mise en page. L'énergie se dégageant de la narration est peu commune et ne se retrouve que rarement sur des supports papier. De cela le manga tire toute son originalité. C'est une des raisons pour lesquelles il suscite chez le lecteur un tel attrait.

L'apparition dans les mangas de Tezuka, dès ses débuts, de figures de style rappelant étrangement le cinéma tels le fondu au noir ou les zooms renouvelle le genre. De même, on retrouve beaucoup d'autres transitions se rapportant à des procédés cinématographiques. Ils sont la pierre angulaire du dynamisme propre au manga.

Enfin, on peut remarquer qu'outre le domaine graphique le manga retrouve le septième art à travers sa scénarisation. L'action y est souvent traitée de manière comparable pour aboutir à un résultat animé et dynamique. Plus récemment, les séries ont montré de plus grandes similitudes encore à travers leurs histoires construites sur un schéma se rapprochant grandement de celui du manga. La filiation est indéniable…

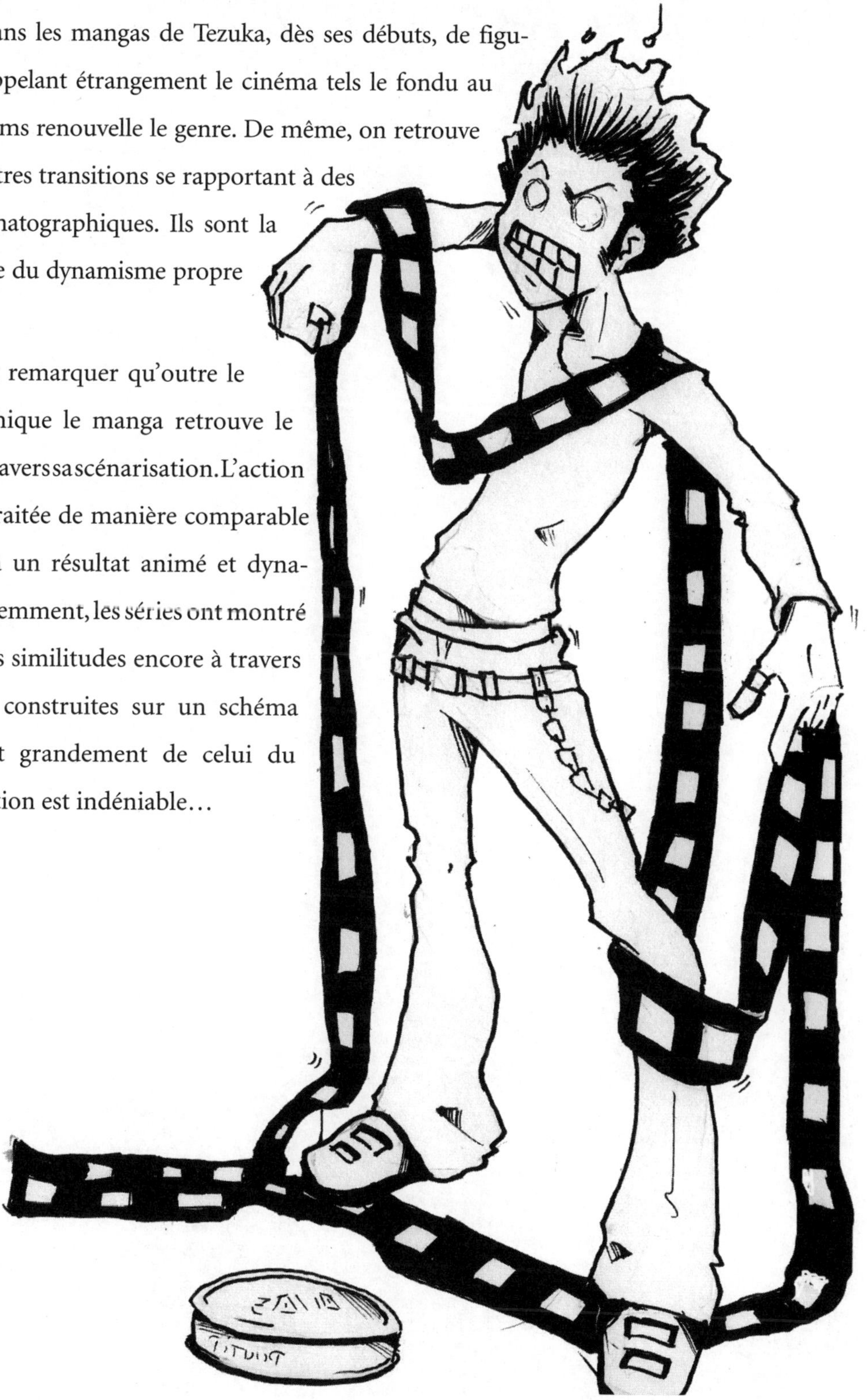

# 4 ■ Encrage

« Pour garantir un confort de lecture et une lisibilité impeccables, vos essais, esquisses et autres gribouillages ne sont pas ce qui se fait de mieux. Un bon dessin au crayon, c'est la base, mais ce n'est pas tout pour autant : un encrage soigné rendra vos travaux accessibles à tous les regards. Chose non négligeable, c'est également lui qui apportera votre signature graphique au dessin : plutôt encrage tout en finesse avec fioritures ou grands traits nerveux style peintre en bâtiment ? Cette mise en forme définira les impressions qui se dégageront de vos travaux dès la première lecture : intensité, dynamisme, précision… À vous de trouver votre style.

À noter le fait que l'encrage n'est pas du surlignage. La main crispée sur le dessin pour un repassage parfait n'aboutit généralement qu'à des traits tremblants et à un fini figé. L'encrage étant le moyen de rendre immortel votre coup de crayon, il immortalisera de même toutes vos gaffes. Il faudra donc sûrement sacrifier quelques crayonnés à vos débuts. »

# BIBLIOTHÈQUE DE TRAITS

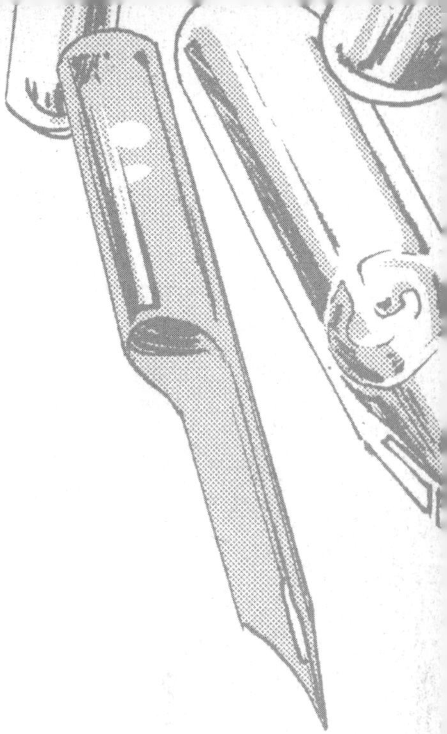

## Encrage à la plume

**Pour encrer à la plume, il faudra vous munir bien entendu de plumes, d'un porte-plume, d'encre de Chine et d'un mouchoir pour essuyer vos plumes.**

Il existe énormément de types de plumes mais, en ce qui concerne le manga, les mangaka ont leurs petites préférées : la Maru-pen **1**, la G-pen **2** et la Saji-pen **3**.

**1** Traits fins et réguliers, assez souples. Plume idéale pour les détails, les cheveux clairs, les décors et certains traits de vitesse.

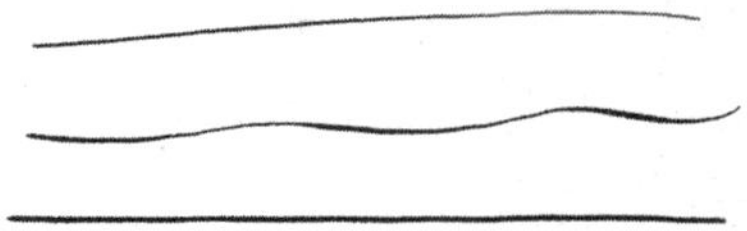

**2** Plume souple qui aura tendance à éviter les traits réguliers. Idéale pour le dessin à main levée, c'est la plume préférée des mangaka.

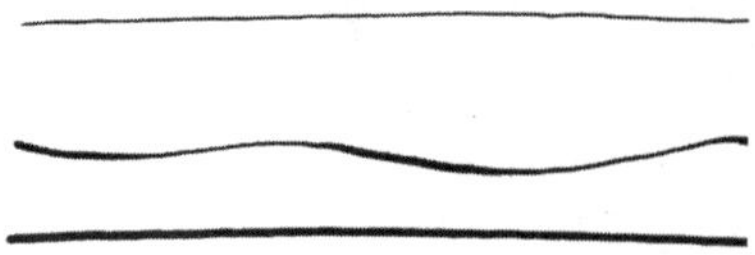

**3** Plutôt dure, cette plume est idéale pour les traits forts et réguliers comme certains premiers plans ou certains traits de vitesse. Elle est moins encline aux pleins et déliés que la G-pen et la Maru-pen.

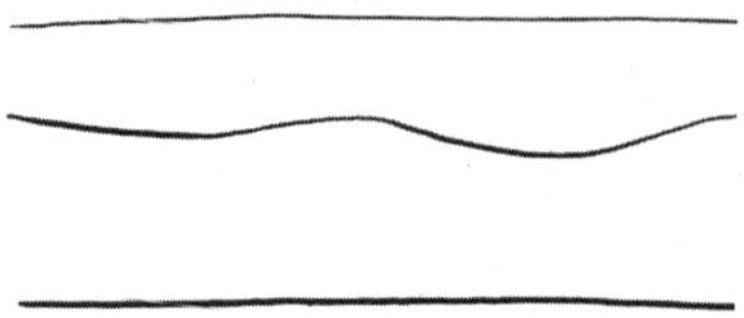

## Encrage aux stylos

Nous parlons ici des stylos à encre de Chine de type Rotring, Neopiko ou Copic. Le principal est de veiller à ce que leur encre soit réellement noire et ne s'éclaircisse pas en séchant.

Points forts de ces stylos : ils ne font pas de tache, sont plus simples à transporter et à manipuler, font des traits très réguliers.

Points faibles : la gestion des pleins et déliés est difficile ; il faut souvent changer de stylo pour varier l'épaisseur du trait sous peine sinon de se retrouver avec un dessin plat…

Attention à ne pas trop appuyer sur les mines de vos stylos ou vous aurez pour seul résultat d'avoir un 0,5 mm qui écrit comme un 1 mm et n'aurez plus qu'à en racheter un…

0,03 mm

0,05 mm

0,1 mm

0,3 mm

1 mm

## Erreurs

Pas assez d'encre dans la plume

Trop d'encre dans la plume

## Correction

Suffisamment d'encre dans la plume

## Marqueur

L'utilisation d'un marqueur sans alcool peut se révéler très utile si vous ne voulez pas vider votre pot d'encre de Chine en encrant une veste en cuir ou une scène de nuit…

Là encore, vérifiez bien que l'encre soit vraiment noire, comparez avec votre encre de Chine si besoin est ; choisissez-le assez épais et sans alcool si vous ne voulez pas finir vos planches sous la table.

Celui-ci vous servira alors à encrer les grosses surfaces de noir, aussi appelées « aplats ».

## Pinceau

Ce pinceau n'est pas d'une nécessité absolue mais il peut être très utile à l'obtention de certains effets comme l'encrage des cheveux et leurs reflets.

## Règle

Vous en aurez forcément besoin quand vous en arriverez aux décors ou aux traits de vitesse. Il existe pour cela des règles spéciales avec un bord biseauté permettant de tracer des traits à l'encre sans que celle-ci bave dès que vous bougez votre règle. Un deuxième conseil pour éviter les bavures : pensez à essuyer la règle de temps en temps avec un mouchoir et ne faites pas déborder votre plume d'encre, si vous l'encrez.

# DIFFÉRENCE ENTRE FEUTRE ET PLUME

**Sur cette double page, vous pouvez observer une illustration encrée avec différents outils. Comme vous pouvez le constater, les rendus diffèrent et donnent une saveur propre à chaque travail. Là où le feutre permet un certain confort d'utilisation, la plume permet d'éviter l'uniformité du trait. Pour un encrage fait en plein cours ou dans le train, vous préférerez sûrement vous passer de l'encrier menaçant... Les pleins et les déliés de la plume (épaisseurs du trait) ne perdent pourtant rien de leur charme.**

Croquis

# Marqueur

L'utilisation d'un marqueur sans alcool peut se révéler très utile si vous ne voulez pas vider votre pot d'encre de Chine en encrant une veste en cuir ou une scène de nuit…

Là encore, vérifiez bien que l'encre soit vraiment noire, comparez avec votre encre de Chine si besoin est ; choisissez-le assez épais et sans alcool si vous ne voulez pas finir vos planches sous la table.

Celui-ci vous servira alors à encrer les grosses surfaces de noir, aussi appelées « aplats ».

# Pinceau

Ce pinceau n'est pas d'une nécessité absolue mais il peut être très utile à l'obtention de certains effets comme l'encrage des cheveux et leurs reflets.

# Règle

Vous en aurez forcément besoin quand vous en arriverez aux décors ou aux traits de vitesse. Il existe pour cela des règles spéciales avec un bord biseauté permettant de tracer des traits à l'encre sans que celle-ci bave dès que vous bougez votre règle. Un deuxième conseil pour éviter les bavures : pensez à essuyer la règle de temps en temps avec un mouchoir et ne faites pas déborder votre plume d'encre, si vous l'encrez.

# DIFFÉRENCE ENTRE FEUTRE ET PLUME

**Sur cette double page, vous pouvez observer une illustration encrée avec différents outils. Comme vous pouvez le constater, les rendus diffèrent et donnent une saveur propre à chaque travail. Là où le feutre permet un certain confort d'utilisation, la plume permet d'éviter l'uniformité du trait. Pour un encrage fait en plein cours ou dans le train, vous préférerez sûrement vous passer de l'encrier menaçant… Les pleins et les déliés de la plume (épaisseurs du trait) ne perdent pourtant rien de leur charme.**

Croquis

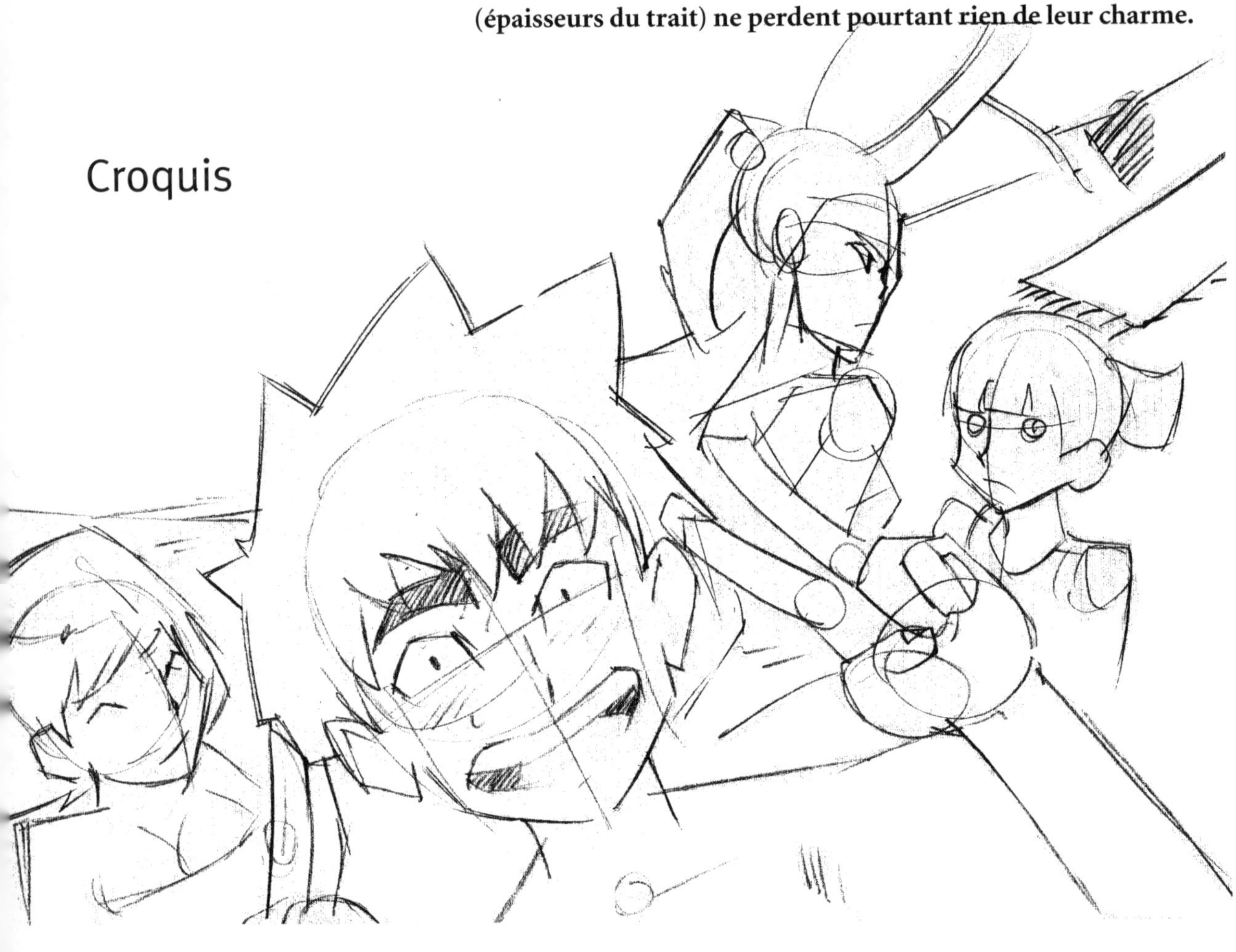

## Encrage au stylo feutre

## Encrage à la plume

# DIFFÉRENTS TYPES D'ENCRAGES

**Voici un échantillon de différents encrages réalisés par des graphistes aux styles variés. Ils témoignent que le simple fait de tracer un trait pour en recouvrir un autre peut se faire de mille manières. Le caractère unique de votre dessin s'exprimera réellement à travers cette étape.**

# ENCRAGE DE DÉCORS

**Voici un exemple encré à la plume. Plusieurs choses importantes sont à savoir sur l'encrage de vos décors.**

Tout d'abord, tracez-les avec un outil plus fin que l'encrage de vos personnages : Maru-pen pour la majorité du tracé, G-pen pour les traits forts comme les zones d'ombre. Cette différence d'épaisseur de trait créera une profondeur de champ premier plan/arrière-plan non négligeable dans la qualité de votre image.

Pensez tout de même à remplir de noir ou de hachures les zones d'ombre pour un décor plus vivant, surtout si celui-ci occupe l'image à lui seul.

Attention, tout de même, un décor bien dessiné est joli, certes, mais n'oubliez pas qu'il peut aussi surcharger votre image ! Réfléchissez bien à la nécessité de votre décor et à la manière dont vous allez l'encrer.

Dernier point important, n'ayez pas peur de la perspective ! Celle-ci donnera encore plus de punch à vos images. De plus, beaucoup de perspectives en manga ne sont pas tout à fait justes, mais une bonne gestion de l'encrage et de la composition de l'image fait que cela importe peu.

Alors, que la perspective ne vous freine pas, et n'hésitez pas à utiliser des angles de vue originaux !

950

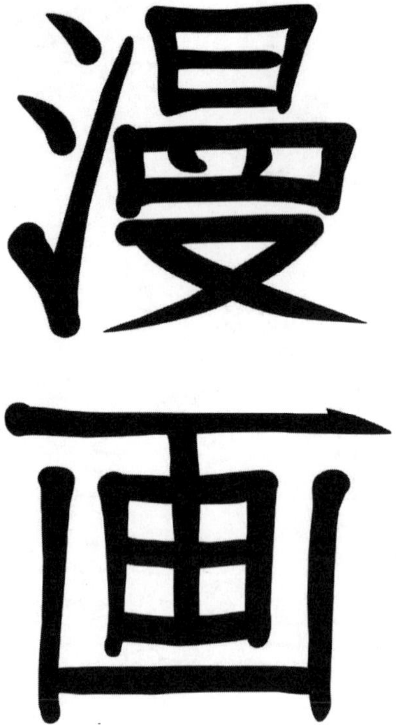


# LA CALLIGRAPHIE

**Depuis maintenant plus d'une centaine de pages, nous vous dispensons nos conseils à travers les actions plus ou moins éclairées de Maru. Mais, si les images vous ont beaucoup appris et sûrement distrait, le texte a également tenu un rôle important dans ces démonstrations.**

Or, le texte, et cela le différencie de l'image, ne peut exister qu'au travers d'une combinaison de lettres qui, seules, ne signifient rien.

Ce système ne s'applique cependant pas à toutes les formes d'écriture. Le mot « idéogramme » évoque un dessin, un signe renvoyant directement à une forme concrète : objet, personne ou animal (voire idée et concept). Les hiéroglyphes égyptiens, les glyphes mayas ou les sinogrammes chinois appartiennent à cette famille et, bien que les deux premiers aient disparu, le troisième est aujourd'hui encore très usité.

De ces procédés d'écriture jadis propres à leurs seules civilisations, un désir commun se dégage. Celui d'embellir par le style d'écriture des caractères à l'esthétique parfois déjà avérée. C'est ce qu'om appelle la calligraphie : l'art du bien écrire. Autrefois enseignée à tout lettré, cet art s'est progressivement perdu à mesure que l'éducation s'offrait à tous, par le biais de la systématisation de l'écriture dispensée à l'école. Au sein des civilisations arabes, chinoises (et d'inspiration chinoise) et européennes, c'est le trait de l'écrivain lui-même qui est élevé au rang d'art si celui-ci est esthétique et novateur. Notons toutefois qu'en Occident la création de polices est souvent réservée à des artistes déjà reconnus en tant que tels, surtout à l'heure actuelle.

Pour le sujet qui nous intéresse particulièrement, à savoir la graphie japonaise, il est important de savoir que celle-ci est une descendante

directe de l'écriture chinoise. Elles partagent beaucoup et bien que le japonais ait ses différences, l'apprentissage de la langue est grandement simplifié par la connaissance de l'alphabet voisin. Les sinogrammes s'élevaient, au début du siècle dernier, au nombre de 40 000. En prenant en compte le fait que la calligraphie est également un art de création, on arrive aujourd'hui à une somme d'idéogrammes impressionnante. En effet, chaque pratiquant peut inventer une nouvelle façon d'écrire un mot en suivant un certain nombre de règles et de clefs, voire la faire homologuer, un peu à la manière de la langue française et de ses néologismes. Par exemple, dans la Chine ancienne, le mot « épée » a eu jusqu'à treize orthographes différentes. Les artistes et pratiquants d'arts martiaux s'adonnaient en effet régulièrement à la calligraphie et ont été nombreux à livrer leurs interprétations de ce mot, alors très important.

La récupération des caractères chinois par les Japonais a débuté il y a

environ 1 600 ans, par le biais de bonzes itinérants pratiquant le zen, entre autres par la calligraphie. L'absence de système d'écriture homologué dans le Japon de cette période favorisa l'assimilation des sinogrammes.

Il est important de noter que, quoique ces modes d'expression aient initialement été fondés sur la représentation de formes concrètes, elles ont vite évolué vers des démarches non figuratives. Ainsi, si certains caractères anciens relèvent toujours du dessin, la plupart d'entre eux donnent des formes abstraites à l'analyse souvent infructueuse.

Leur utilisation dans les mangas reste cependant un atout majeur puisque ceux-ci se rattachent plus à la picturalité d'une bande dessinée qu'à une forme de texte alphabétique. Cette alchimie est également due à l'intégration du kanji au sein de l'action, qui contraste avec les informations contextuelles cantonnées à l'intérieur des phylactères de la BD occidentale.

# 5 ■ Tramage

« Par souci de simplicité et de productivité puisque les mangaka sont les dessinateurs les plus prolifiques de la planète, la « mise en couleur » des mangas passe par un procédé qui n'est propre qu'à eux. Le tramage se pratique depuis une éternité au sein de ce grand genre et est l'une des caractéristiques majeures de cette bande dessinée unique au monde.

Le procédé consiste en l'utilisation d'autocollants translucides aux motifs variés (il en existe un nombre impressionnant) : superposés au dessin et découpés en fonction de celui-ci, ils constituent la quasi-totalité des tons présents. Ils peuvent s'utiliser en aplats, dégradés, à motifs (petites fleurs, bulles, éclairs…) et interviennent dans énormément de procédés picturaux ou narratifs. Ils peuvent entre autres faire office de fonds, de carnation pour la peau, les cheveux, les vêtements… Mais leur utilité ne se limite pas à remplir des blancs, ils peuvent également transmettre une émotion. Le shôjo en fait par exemple maints usages dans ses œuvres.

Cette méthode représente un peu de l'âme du manga, une partie de l'originalité qui lui vaut le succès qu'il rencontre. Qu'elle soit traditionnelle ou numérique, vous devrez sûrement vous y atteler vous aussi ; pour preuve, avez-vous déjà ouvert un manga sans trame ? »

# Exemples de planches tramées

**À la partie du Chapitre 3 consacrée à la composition de planche, nous avons corrigé trois planches. Voici ces mêmes planches dans leurs versions finales, c'est-à-dire passées à l'étape du tramage.**

DO-M
SKRRRR
SSKRR
RRR..
BRRR

# MOIRAGE

**Le fait de superposer vos trames ou de les rétrécir à l'impression vous expose au moirage, manuel ou numérique. Un effet d'optique dû à l'espacement trop réduit entre les points qui composent la trame.**

42,5 lignes – 15 %

55 lignes – 30 %

Moirage : superposition de deux trames à linéature différente

Il est donc primordial de passer au tramage sur un format définitif. De même, les superpositions sont en général à éviter. Celles-ci peuvent déboucher sur des effets originaux mais, la plupart du temps, vous obtiendrez des motifs mouchetés.

# BIBLIOTHÈQUE DE TRAME

**Cette partie contient un échantillon de trames communes. Considérez cependant qu'elles ne sont qu'une vague idée d'une approximation de quelque chose approchant de loin leur nombre total…**

**Il existe des centaines de trames et vous pouvez vous-même en créer à la maison si tant est que vous soyez équipé d'un logiciel de retouche graphique quelque peu performant.**

En termes techniques, les trames se caractérisent par deux notions :

- **La linéature.** L'espacement qui se situe entre les points (la manière dont ils sont aérés influe sur l'effet d'optique final). Une linéature élevée correspond à une trame précise, les points serrés et de petite taille, alors qu'une linéature faible correspond à des points très espacés, de grosse taille et à une trame ainsi moins fine.
- **Le pourcentage.** Il s'agit de la valeur de gris qui ressort de l'effet d'optique donné par la trame. 0 % correspond à un blanc immaculé alors que 100 %, à un noir… noir). Cette valeur est indépendante de la linéature de votre trame.

# DIFFÉRENCE DE LINÉATURE

65 lignes – 10 %

65 lignes – 20 %

65 lignes – 35 %

65 lignes – 50 %

65 lignes – 60 %

65 lignes – 70 %

15 lignes – 30 %

25 lignes – 30 %

32,5 lignes – 30 %

50 lignes – 30 %

60 lignes – 30 %

70 lignes – 30 %

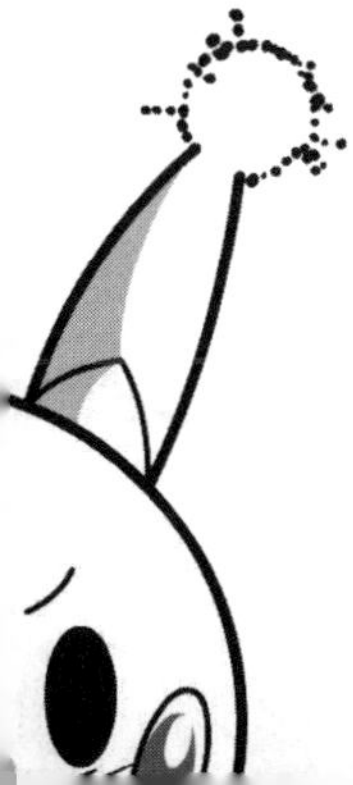

# TEXTURES ET MOTIFS UTILES

60 lignes – Dégradé

65 lignes – Dégradé

Trame de lignes

Trame de bruit simple

Trame de bruit modifiée

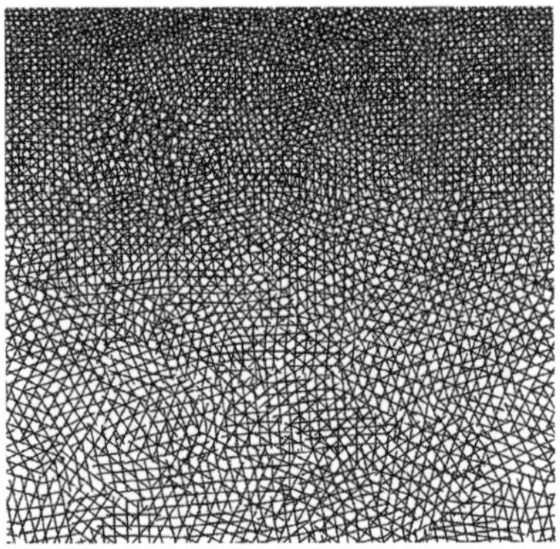

Trame de hachures

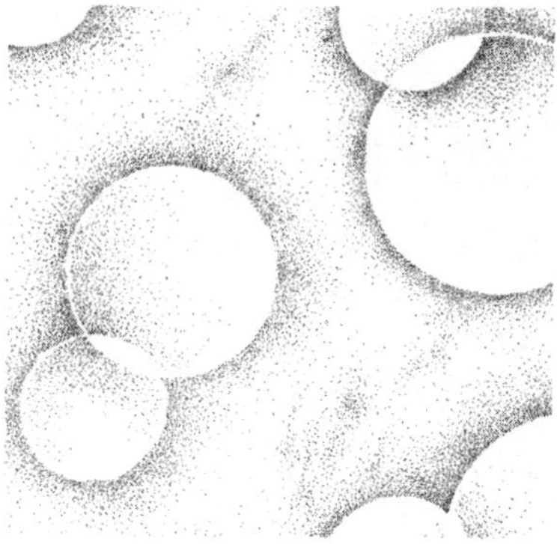

Trame à bulles

Trame d'arbres

Trame de focus

Trame à fleurs

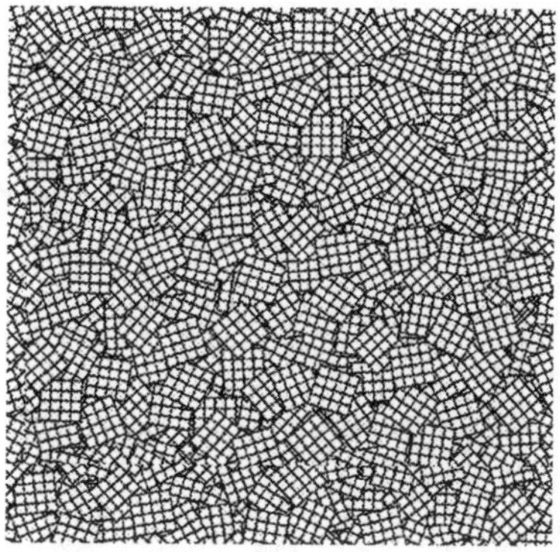

Trame croisillons

Trame de chocs

## Erreur

**Une fois que vous avez encré une illustration et que vous allez la tramer, il faut faire attention à certains points. Nous avons vu précédemment le problème du moirage, mais voyons ici les problèmes que peut présenter le simple mauvais agencement des différentes trames lors du rendu final.**

Ici, la trame est beaucoup trop présente et étouffe votre image. De plus, celle-ci est colorisée avec de la trame comme avec de la peinture grise.

Ceci est très important : il ne faut jamais considérer la trame comme de la colorisation ! Coloriser et tramer sont deux choses totalement différentes et si vous les confondez ceci se verra à coup sûr sur votre dessin.

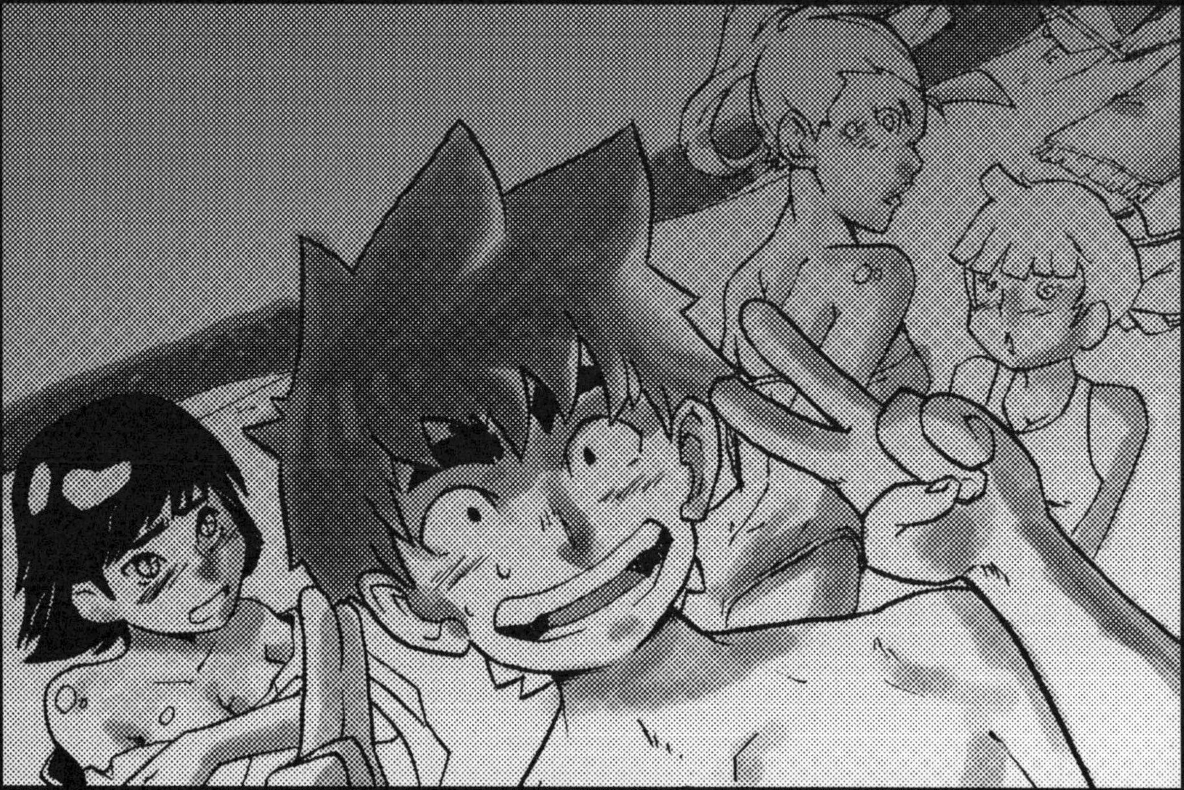

## Correction

La trame accentue principalement l'ambiance de votre dessin. Un tramage contrasté et aéré donnera de la vie et de la profondeur à l'image.

N'oubliez pas qu'il existe aussi des trames à motifs qui pourront vous aider, comme les trames de nuages ou de traits de vitesse.

Pensez de même aux trames de dégradé, qui permettront de donner un peu plus de profondeur à votre image.

## Exemple d'utilisation de trames

Ici, la trame sert l'ambiance de la case. Pas de réelles ombres et lumières, juste un dégradé permettant de donner de la profondeur à l'image sans l'alourdir ou l'étouffer.

Dans ces cases, la trame sert à sortir du simple noir et blanc de l'encrage en nuançant les couleurs de cheveux des personnages. Là encore, il faut penser à ne pas inclure trop de détails, pour des soucis aussi bien de clarté que de simplicité.

En ce qui concerne l'œil, la trame permet de lui donner une sensibilité qu'il n'aurait jamais eue s'il avait été encré « normalement » ou laissé en blanc.

**La trame n'est pas seulement là pour faire joli et s'utilise ainsi différemment de la couleur. Tout n'est que mise en ambiance, et la trame est entièrement au service de l'efficacité de l'image et de la planche.**

# TRAMES ET COULEURS

**Comme expliqué plus tôt, la trame, élément essentiel dans le manga, est un choix motivé par le pragmatisme des éditeurs japonais. En effet, son utilisation permet d'accélérer la « colorisation ». Plutôt que de lutter sur des aplats et dégradés faits au crayon, la pose des trames, sorte de scotch à motifs, simplifie grandement le travail des assistants.**

Mais la raison de ce choix ne s'arrête pas à cela et est comme d'habitude motivée par le nerf de la guerre : l'aspect monétaire. Le système des trames est en effet incomparablement plus économique que l'impression de planche en niveau de gris (stade intermédiaire entre le noir et blanc et la couleur). Les trames, par un effet d'optique jouant sur la proximité entre les points, donnent l'impression que plusieurs tons de gris figurent sur la planche alors que celle-ci n'est en fait remplie que de noir, plus ou moins aéré selon les zones. L'économie suscitée par ce procédé ne réside pas dans le salaire que les maisons d'édition ont à verser, puisque la pose des trames nécessite généralement plus de mains que la colorisation manuelle. Elle se situe plutôt en aval du travail de création, au niveau de l'impression des planches pour les *Mangashi* (magazines de prépublication) et *Tankobon* (volumes reliés).

C'est entre les années 1960 et 1970 que la trame s'imposa progressivement comme outil incontournable du manga traditionnel. Son instauration comme règle du genre prit tout son sens lorsque les imprimeurs japonais s'alignèrent unanimement sur cette nouvelle pratique en changeant leurs anciennes machines. Remplaçant leurs rotatives classiques par des nouveaux modèles plus adaptés à l'impression de planches tramées, ils se condamnèrent également au noir et blanc sans que cela ne semble poser de problème. C'était cependant ne pas songer à quelle amputation cela serait de priver un dessinateur de couleurs…

De nos jours, les mangas en couleurs font autant figure d'ovnis dans nos contrées qu'au Japon : le système n'a pas changé et, dans ces temps de crise, certains éditeurs s'interrogent sur le retour de la couleur. Le noir et blanc exclusif a en effet posé quelques problèmes à des auteurs japonais ayant été reconnus en tant que mangaka mais ne pouvant éditer leurs travaux, ceux-ci étant en couleur.

Kotobuki Keisuke, dessinateur et scénariste de Kamisama, fait partie de ceux qui n'ont pu trouver preneur pour leurs dessins. Contraint à l'exil par son style très pictural, il est actuellement publié sous nos latitudes, mais son histoire n'est pas unique et tous ses confrères n'ont pas nécessairement trouvé asile en dehors du Japon, quel que soit leur talent.

Une comparaison avec le marché franco-belge peut également aider à mieux comprendre l'absence globale de couleur dans la bande dessinée nippone. En France, il est plutôt difficile de concevoir une BD exempte de couleurs, ces volumes reliés et cartonnés sont en effet dans une certaine mesure élevés au rang d'objet d'art (le neuvième, en l'occurrence). Ces petits bijoux sont révérés par leurs propriétaires et prennent majestueusement la poussière sur d'imposantes étagères toute une vie durant. Le Japon se place totalement à contre-pied de cette approche avec des recueils de 400 pages en moyenne (contre 48 pour la franco-belge) regroupant plusieurs auteurs et destinés au tri sélectif dès leur lecture achevée. Cette différence de conception du média allant de l'approche « galerie d'art » à « digéré/rejeté » justifie l'absence de couleur. Il n'y a pas moins de soin apporté à la réalisation d'un manga qu'à celle d'une bande dessinée européenne, la visée n'en est tout simplement pas la même. Là où l'auteur franco-belge va chercher à créer une œuvre aux lectures multiples et à la lecture douillette, le mangaka misera plutôt sur l'efficacité du récit. La vitesse à laquelle il va faire avancer son histoire est primordiale et ceci l'amènera dans une certaine mesure à délaisser une partie de l'esthétique graphique : la picturalité.

Toujours est-il, comme vous aurez pu le remarquer, que beaucoup de *Tankobon* publiés en France jouissent d'une mise en couleur de leurs cinq premières pages. Les auteurs sont en effet ponctuellement sollicités dans ce sens afin de donner un certain cachet aux séries lors de leurs parutions dans les magazines de prépublication. Mais, la plupart du temps, c'est à l'occasion des sorties en volumes reliés que les œuvres se voient agrémentées de pages en couleurs. Elles apportent un nouveau niveau de lecture à ceux (une majorité) qui auront suivi une première fois l'histoire lors de sa parution chez le libraire. Ces quelques pages, bien qu'elles se fassent rares, suffisent souvent aux auteurs pour impressionner le lecteur en le régalant de magnifiques tableaux, plus travaillés que le reste de l'œuvre. Par là même, ils en profitent pour prouver aux publics étrangers que, même s'ils ne pratiquent pas quotidiennement la couleur, ils n'ont rien à envier aux techniques occidentales.

# 6. PAO et infographie

« Le manga est affaire de lisibilité mais, même si l'image occupe incontestablement le devant de la scène, le texte a aussi son rôle à jouer. Privées de la lisibilité du mode d'écriture japonais, les adaptations tentent tant bien que mal de rattraper cette lacune mais la tâche est ardue. C'est pourquoi nous vous proposons ici un chapitre consacré à la mise en page de planches par l'outil informatique.

Contrairement à l'idée reçue (confusion avec les techniques franco-belges), les textes ne sont pas manuscrits dans le manga. Il vous faudra donc passer tous les petits pièges que vous réserve la disposition des textes pour prétendre au chef-d'œuvre de lisibilité. Prenez garde car, bien que certains d'entre eux semblent grossiers, d'autres se dissimulent sournoisement et n'attendent qu'une seconde d'inattention pour mettre à mal votre œuvre... »

JE VAIS TE MONTRER DE QUOI JE SUIS CAPABLE...
POUR QUI TU TE PRENDS !
GRRR...
SCRATCH
SCRATCH
CONCENTRATION
SCRATCH
SCRATCH
SCRATCH
CONCENTRATION
PRENDS-TOI ÇA, RIVAL !!!
MONTRE VOIR ...

## C'EST COMPLÈTEMENT ILLISIBLE !

## Erreurs

Dès la première case, une erreur se glisse dans la disposition du texte ; en effet, celui-ci ne respecte pas la forme de la bulle. Veillez à ce que les lignes du haut et du bas ne s'étirent pas autant que celle du milieu.

Dans la deuxième case, on remarque une faute de césure : les mots suivis d'un tiret ne peuvent pas être dissociés des autres par souci de lisibilité.

Enfin, dans la troisième case, on remarque une faute très courante : les textes sont collés aux bulles. Que ce soit par omission ou par souci de place, cet effet est à éviter absolument sous peine de donner un effet fouillis et bricolé à la case.

## Corrections

## Erreurs

Ici, on peut constater deux problèmes liés aux polices. S'il est bien d'adapter lorsqu'un personnage s'énerve, il faut à tout prix éviter les polices classiques du type Arial ou Times New Roman car celles-ci jurent avec le dessin.

Enfin, n'écrivez qu'en majuscules, et veillez par conséquent à ce que vos polices puissent gérer tous les accents.

Autre problème classique, comme vu précédemment, il n'est pas nécessaire de grossir la taille du texte pour correspondre avec la taille de la bulle. Ici, le personnage ne crie pas, donc, utilisez la même taille de police que précédemment : cela aura pour effet de donner l'impression que le personnage est sûr de lui.

## Corrections

## Erreurs

Petit détail, enfin, veillez à toujours inclure des contours blancs lorsque vous mettez du texte sans bulle. Sans quoi ce dernier pourrait se retrouver happé par le fond et devenir illisible, voire invisible.

## Corrections

Ces trois erreurs nuisent à la lisibilité et à l'esthétisme global, il faut donc s'en méfier. Enfin, veillez à ce que les polices soient toujours de la même taille : il vaut mieux garder les grosses écritures pour les éclats de voix et les petites pour les chuchotements.

# MANGA ET TECHNOLOGIE

**Qu'elle est lointaine, l'époque des assistants écrivant les textes à la main, des mangaka calligraphiant eux-mêmes les onomatopées. L'ère des 473 traits de vitesse patiemment tracés à la règle est bien révolue, « et encore heureux », vous dites-vous… « On n'arrête pas le progrès. » Après ce passage d'apitoiement digne d'un dessinateur septuagénaire, mettons-nous un peu à la page. Le manga existe maintenant depuis une soixantaine d'années et il a vu bien des techniques le servir. Mais nous arrivons aujourd'hui à un tournant où beaucoup s'interrogent quant à leur propre sensibilité : plutôt papier ou tablette graphique ? Feutre à alcool ou « outil pot de peinture » ? Le dilemme semble fondé, penchons-nous donc sur ces techniques nouvelles qui changeront peut-être la face de la création telle que nous la connaissons.**

## Logiciels

L'avancée de la retouche photo incarnée par son passage de l'analogique (photo, ciseaux, colle blanche…) au numérique fut initiée avec le boom de l'informatique des années 1980. La retouche photo trouva immédiatement preneur dans des domaines autres que l'intrigue politique (motif de l'invention de cette technique) et l'amélioration des clichés ratés.

L'incontournable Paint de nos premières gribouilles informatiques fut vite remplacé par le très connu Photoshop et ses versions, fort nombreuses. Bien que ces deux logiciels n'aient pas la même utilité (création/occupation des enfants et retouches photo initialement professionnelle), ils finirent par servir les mêmes « dessins ». Open Canvas, the Gimp, Painter, Paint Shop Pro et consorts sont les descendants de cette première génération d'outils de création informatique.

Mais le plus intéressant est de noter qu'aujourd'hui le manga a pris une telle ampleur qu'il possède dorénavant son propre système : Manga Studio. Un outil spécialisé pour répondre aux attentes particulières des mangaka : trames, motifs, traits de vitesse, encrage à la façon des plumes japonaises...

## Tablettes graphiques

Le dilemme entre papier et écran ne se posait pas vraiment il y a quelques années encore : en effet, dessiner sur ordinateur se faisait avec une souris... Ceux qui auront essayé auront compris pourquoi les industries de l'informatique se sont senties obligées de développer des tablettes graphiques.

L'utilisation d'un stylet sur une surface magnétique permet de conserver la sensation du dessin traditionnel. De plus, le système des points de pression traduit en détail le geste et l'intensité que vous donnez à votre tracé. Outre le trait, les colorisations se trouvent grandement simplifiées par l'usage de ce matériel. En résumé, la tablette se pose en outil indispensable pour les graphistes modernes désireux d'utiliser leur ordinateur.

Wacom, Trust et Aiptek sont à compter parmi les développeurs les plus emblématiques de ce type d'équipement. Il existe différentes tailles de tablettes correspondant chacune, non pas à vos aspirations, mais à votre budget.

# Manga numérique

Le manga numérique se décline aujourd'hui sur Internet et, par extension, sur tout bon téléphone portable nippon. Cette mutation intervient à un moment où le marché japonais s'interroge sur ce que le destin réserve au manga à l'heure où tout semble avoir été tenté.

Toujours dans sa quête de dynamisme, la bande dessinée japonaise se dote aujourd'hui d'un outil nouveau permettant de donner vie au trait : l'animation Flash. Logiciel éponyme, cette application autorise un passage du dessin assisté par ordinateur à l'animation numérique. Grâce à lui, le manga peut, à travers l'écran du téléphone, un peu plus s'aventurer sur les terres du cinéma. Travelling d'une case à une autre, gros plan, tremblement de la « caméra », changement d'expression sur les visages, traits de vitesse mouvants, mouvement des personnages… Toutes les possibilités n'en ont pas encore été exploitées, sans même parler de l'animation de séries et de longs métrages aboutis (ce qui est déjà tenté en France par les studios Ankama).

# 7 ■ One-shots

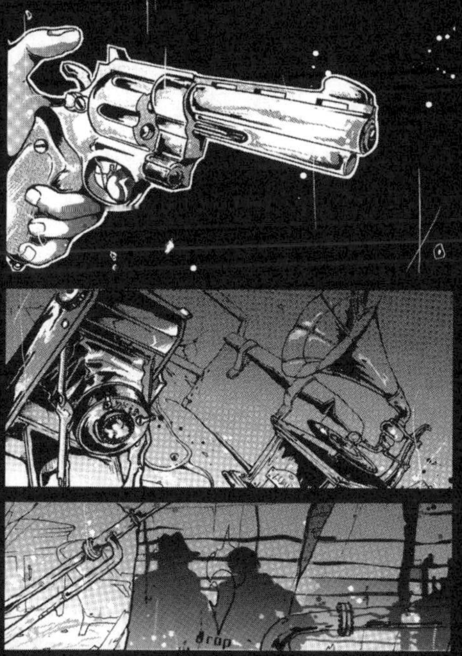


Arnaud Tribout

drop

*- Dites-moi quel est*
*le rapport entre le projet drop*
*et la première classe.*

- ...

*- Et le département downstar,*

*qu'est-ce que c'est ?*

*- Vous en savez déjà trop . . .*

*- bang bang*

Chapitre 1
DAMN!
DAMN!

Keep out
RED
TYRES

HALTE-LÀ !!

ICI T'ES SUR LE TERRITOIRE DES RED TYRES !
EST-CE QUE T'AS LE MOT DE PASSE AU MOINS ?
IDIOT, TU M'AS FAIT PEUR …
MA MÈRE M'A RETENUE. J'AI LOUPÉ LE DÉBUT DU COMBAT. DIS-MOI CE QU'ILS ONT PARIÉ.
OUPS, JE T'AVAIS PAS RECONNUE BLO
ASTON A MIS EN JEU UNE PARTIE DU TERRITOIRE…
QUOI ?! QU'EST-CE QU'IL LUI PREND ? DÉJÀ QU'ON A LE PLUS PETIT TERRITOIRE…
AH, ET IL A AUSSI PARIÉ SA PHOTO DE BLACK J !
?!!
IL A PARIÉ SA PHOTO DE… C'EST UN COMBAT SI IMPORTANT ?
…ASTON ?

サア
MINCE !
LE SOLEIL SE
COUCHE ET IL
M'EN RESTE DEUX
À BATTRE.
Arnaud Tribout

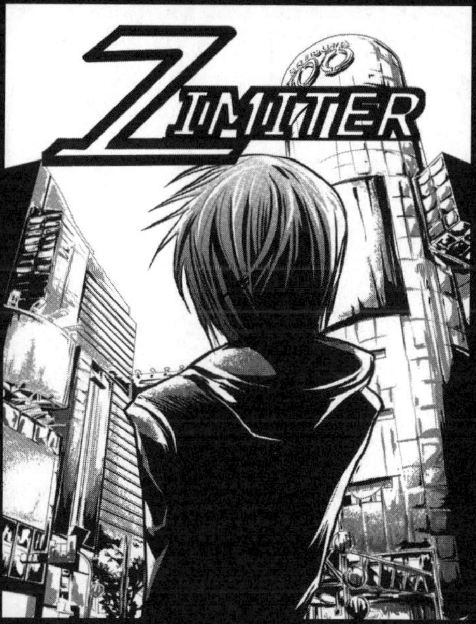


Teddy Chindavong

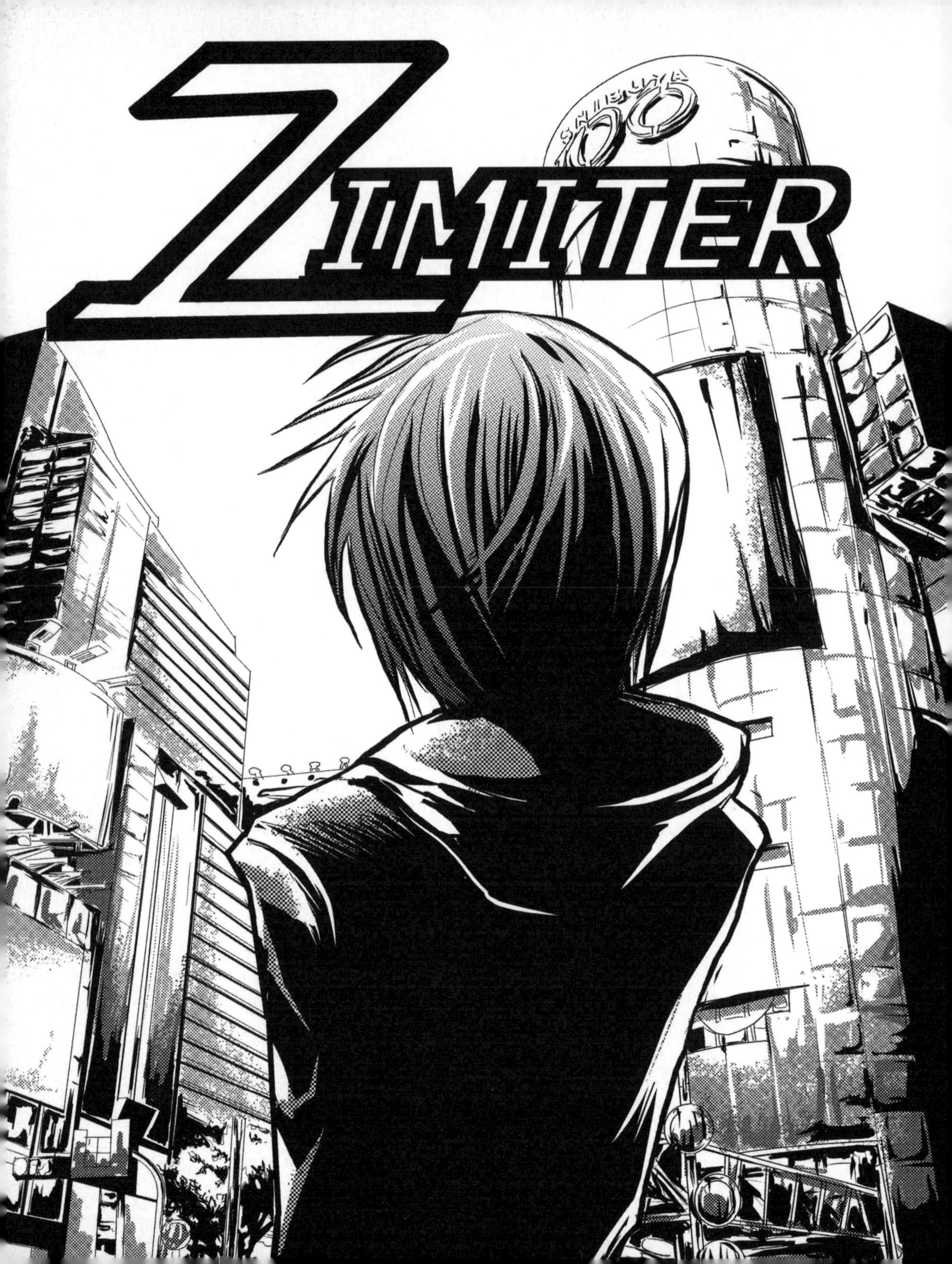
ZIMITTER
SHIBUYA

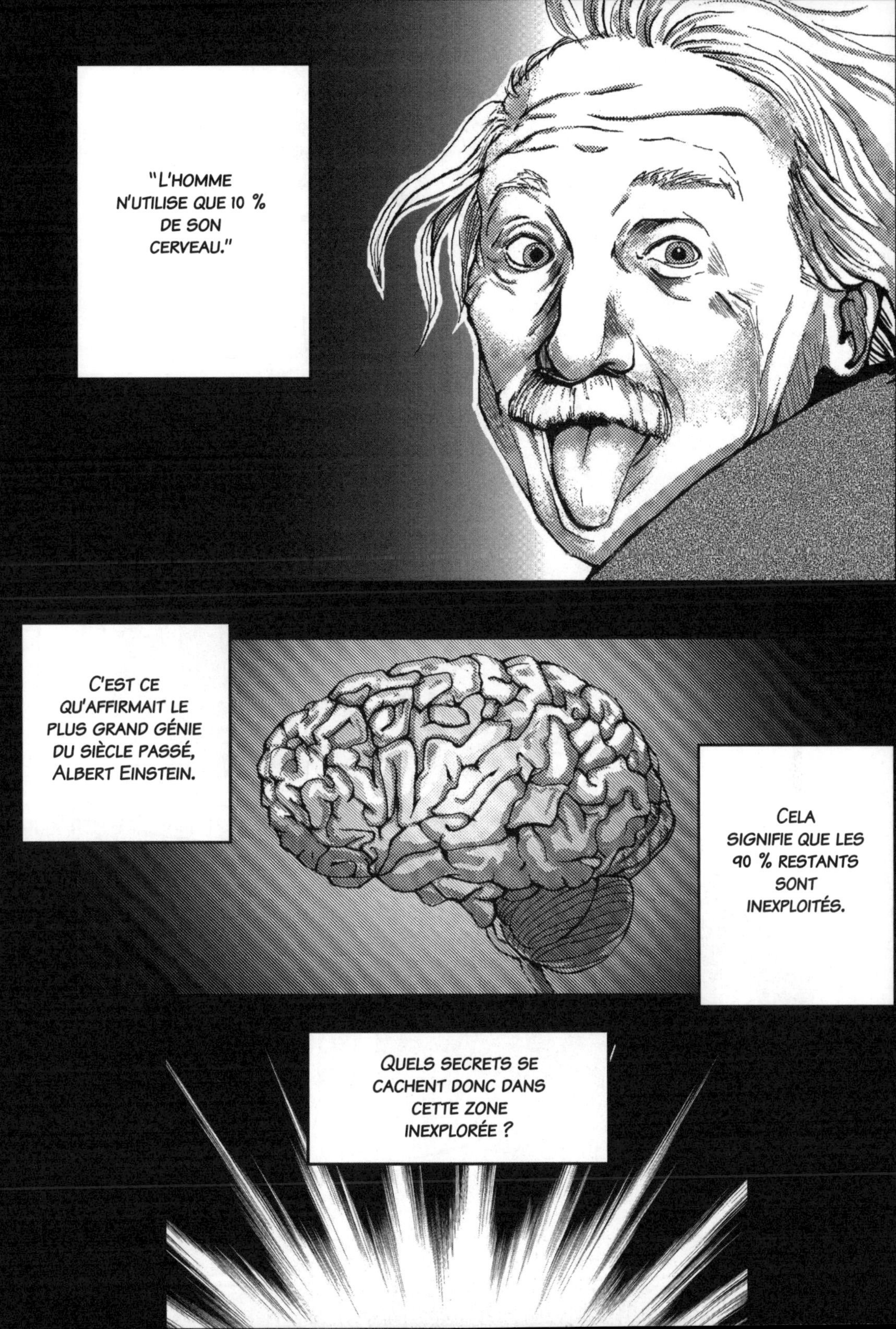
"L'HOMME N'UTILISE QUE 10 % DE SON CERVEAU."
C'EST CE QU'AFFIRMAIT LE PLUS GRAND GÉNIE DU SIÈCLE PASSÉ, ALBERT EINSTEIN.
CELA SIGNIFIE QUE LES 90 % RESTANTS SONT INEXPLOITÉS.
QUELS SECRETS SE CACHENT DONC DANS CETTE ZONE INEXPLORÉE ?

109

C'EST ICI.
ON M'A DIT QU'ILS ÉTAIENT CAPABLES DE RÉSOUDRE N'IMPORTE QUELLE SITUATION.
OROCHI...

MARIA ST.

Bonjour !
Ils sont si jeunes.
Est-ce que ca va le faire ?

Salut ! Beauté
Dégage !
Sale obsédé !
Ouch !

AH AH ! PAR ICI, JE VOUS EN PRIE.
JE M'APPELLE MIZUKI
JE SUIS VENUE ICI PARCE QUE JE VOUDRAIS
QUE VOUS ME RAMENIEZ PAPY.
PAPY ?
C'EST MON CHIEN...

Hein ?
Je sais... ce n'est qu'un chien. La police aussi m'a ri au nez.
Mais mon chien a été enlevé, et les kidnappeurs veulent que je me rende seule au point de rendez-vous.
J'ai peur qu'ils ne me le rendent pas.
Qu'ils en demandent plus.
Je suis vraiment terrifiée.
Mais je ne peux pas

C'EST LE DERNIER CADEAU QUE MA MÈRE M'A OFFERT AVANT DE MOURIR.
ALORS, CHEF, QU'EST-CE QUE TU EN PENSES ? NOUS N'ALLONS PAS LA LAISSER TOMBER ?
NE ME DIS PAS QUE SES LARMES TE LAISSENT DE GLACE, CŒUR DE PIERRE.

C'EST BON, J'AI COMPRIS.
TANT QU'ELLE PAYE, JE M'EN FOUS !
LAISSE-MOI TE PRÉSENTER TOUT LE MONDE. LE RAT DERRIÈRE MOI, C'EST KAZUMA SHUN, NOTRE CHEF.
JE M'APPELLE JULIA AKASAWA, ACTRICE ET CHANTEUSE, POUR TE SERVIR.

Moi, c'est Setsuna Kirihara, top model
Je suis Kyo Kirihara, DJ et grapheur.
Soma Itsuki...
C'est tout...

TA REQUÊTE,
OROCHI L'ACCEPTE !
NOTRE TRAVAIL EST RAPIDE ET EFFICACE.
NOUS RÉUSSISSONS À CHAQUE FOIS.
QUEL QUE SOIT LE BOULOT !

ALLONS-Y !
TOI AUSSI.
MOI ?
TU NOUS AS PAS DIT OÙ ON DEVAIT ALLER, ALORS...
HUM !

HEY, TU NE TROUVES PAS QU'IL Y A UN TRUC BIZARRE ?
YOSH !

Je sais ce que tu vas dire ! Pourquoi prendre le chien quand tu peux prendre la fille ??
Perso, je m'en fous tant qu'on nous paie !
Tsss, c'est pas un jeu, espèce de rat !
Va falloir faire gaffe.
Ouais... au fait, où sont les autres ?
Ils ont pris le train...
Ah...

CE CHIEN EST VRAIMENT LAID !
EST-CE QU'IL VAUT VRAIMENT AUSSI CHER ?

Enfin...
J'espère que ton plan va marcher.
Mais j'ai du mal à y croire... pourquoi nous avoir proposé ça ?
Si t'as une idée derrière la tête, je te bute !
Si t'as pas envie de me faire confiance, c'est ton problème. Moi, je fais ça pour la thune.
Malheureusement, je pouvais pas faire ça seul, et j'ai dû faire appel à des losers comme vous !

FAIS GAFFE À CE QUE TU DIS !
TANT QUE ÇA MARCHE, JE M'EN FOUS !
T'AS TOUT COMPRIS.
C'EST QU'UNE GAMINE, PAS DE QUOI FLIPPER !
JE CROIS QUE NOTRE INVITÉE EST LÀ.
LA FÊTE VA POUVOIR COMMENCER.
Teddy Chindavong

# POUR ALLER PLUS LOIN...

**Nous voilà maintenant à la fin de notre premier volume. Vous connaissez désormais les divers (et multiples) aspects de la création manga. Du scénario à la trame en passant par le story-board et la découpe des planches, nous avons parcouru les différentes étapes de la création du manga et vous pouvez commencer le vôtre.**

## Des supports à votre service

Il convient, cependant, de vous rappeler deux points importants.

Premièrement, nous n'avons pu dans le cadre de ce volume aborder toutes les facettes, et ficelles, du métier. Être mangaka consiste non pas seulement à dessiner, mais bien à créer, c'est-à-dire à saisir conjointement des compétences extrêmement différentes (*character design*, encrage...) et aussi à s'inscrire dans un courant artistique.

Le manga, n'en déplaise à certains, est à ce titre un académisme. Des règles et des lois sont à connaître et à savoir utiliser. Le propre du créatif est justement de jouer de ces règles académiques pour innover. Seulement, aucune innovation n'est possible sans connaissance approfondie de ces règles académiques. Prenez donc toujours le temps de bien lire les grands « maîtres » et de vous approprier les diverses techniques abordées.

Dans les volumes suivants, nous nous consacrerons plus spécifiquement à l'approfondissement des différents thèmes étudiés dans cet ouvrage pour vous permettre de vous imprégner de ces règles et d'être ainsi réellement innovant et créatif.

N'oubliez pas que le manga est un art perpétuellement en mouvement. Votre objectif doit être non pas de reproduire (*fanart*) mais bien d'élaborer vos propres histoires.

Deuxièmement, il n'y a pas de mangaka isolé. Tout vrai mangaka vit dans un réseau social plus ou moins dense, plus ou moins développé. Vous ne pourrez vous améliorer qu'en échangeant et en communiquant. N'hésitez jamais à parler et à montrer votre travail. Pour vous aider, nous avons créé un site Internet qui vous est entièrement dédié. À l'aide de Maru, vous pourrez :

- poursuivre votre formation ;
- découvrir des vidéos inédites ;
- présenter aux auteurs vos travaux et les faire corriger ;
- déposer vos travaux ;
- échanger sur le forum.

Et plein d'autres choses encore.

## Des stages

Si ce manuel vous a permis d'étudier et de connaître les différentes phases de la création d'un manga et que vous soyez prêt à réaliser le vôtre, il n'en demeure pas moins que l'apprentissage en face à face reste la meilleure forme d'apprentissage. C'est, bien évidemment, au contact d'un professeur qui pourra directement vous corriger et vous accompagner dans votre projet que vous pourrez réussir au mieux.

Nous ne pouvons que vous inviter à suivre une formation adaptée, soit annuelle, soit sous forme de stage.

Maru vous conseille activement quant aux stages et formations proposés par Yutaka… même s'il y a toujours des « Rival » qui y passent.

Yutaka est le représentant en Europe d'un des plus grands centres de formation japonais. Il propose des cours adaptés selon les âges et les niveaux et dispensés par de vrais professionnels. Vous pourrez ainsi expérimenter, au concret, les différentes facettes de la réalisation d'un *one-shot*.

Yutaka propose :

- des formations annuelles pour enfants ou adultes de deux ou quatre heures par semaine ;
- des stages intensifs de deux semaines durant les vacances scolaires.

En plus, il propose des formations au japonais pour vous permettre de lire vos mangas préférés en version originale !

Yutaka

7, rue Charles-François-Dupuis

75003 Paris

**www.yutaka.fr**

# Devenir mangaka !

Devenir mangaka est maintenant possible ! Si vous voulez allier votre passion à votre métier, vous pouvez désormais réaliser votre rêve grâce à Eurasiam.

Eurasiam est un programme européen unique en son genre, car il vous permet de poursuivre des études supérieures approfondies dans les domaines du manga ou, plus généralement, de l'infographie, de l'animation 2D-3D, des jeux vidéo ou encore de la conception de goodies.

En partenariat avec Kana, Pika, Glénat, Tonkam, Decourt, Kaze, Beez, Toei, etc., Eurasiam propose un programme en trois ou cinq ans vous permettant de vous familiariser avec les différents aspects de la création et de la gestion en manga. Vous pourrez ainsi suivre des formations en :

- dessins académiques (anatomie, nu, reproduction, perspectives…) ;
- dessins manga (character design, découpe de planche…) ;
- analyse manga (théorie, scénario, psychologie des personnages…) ;
- marchés parallèles (animation, jeux vidéo, goodies...) ;
- management (création de société, gestion de projets…) ;
- langues (japonais et anglais).

L'encadrement y est hors pair, et vous ne manquerez pas d'y rencontrer certains des auteurs de ce livre. Vous pourrez y croiser des professionnels, le directeur marketing de Tonkam, le directeur éditorial de Pika et pleins d'intervenants qui plaisent plus à Rival qu'à Maru…

En outre, les troisième et cinquième années se déroulent directement au Japon ! Maru aurait certainement plus d'anecdotes à vous raconter sur son séjour là-bas, n'est-ce pas ?

Eurasiam

7, rue Charles-François-Dupuis

75003 Paris

**www.eurasiam.com**

## L'actualité du manga

Le manga est en renouvellement constant et occupe un espace d'innovation permanent. Afin de suivre l'actualité du manga, vous avez d'excellents supports.

***Animeland*** est « le » magazine de référence du manga et de l'animation. Ce mensuel, qui est le plus ancien du genre, constitue la bible de tous les aficionados. Vous y trouverez une foule d'informations, de critiques et de reportages vous permettant de tout savoir.

Il fut le premier, en 1991, à défendre cette culture, qui était à l'époque très critiquée par les médias français. Depuis ses débuts, *Animeland* a soutenu les premiers mangas traduits en France dès 1993 (*Dragon Ball*, *Ranma 1/2*), a participé activement à la reconnaissance de Hayao Miyazaki auprès d'un large public et à la réhabilitation de l'animation japonaise sur les grandes chaînes TV (Cowboy Bebop, Evangelion, FullMetal Alchemist…).

À travers des articles, des portraits et des interviews, *Animeland* s'efforce de comprendre et d'expliquer la richesse de ce média. C'est pourquoi le magazine est devenu une référence, que ce soit auprès des « animefans » français ou en direction des professionnels de l'édition ou de l'audiovisuel, qui le consultent régulièrement.

Il publie fréquemment des hors-séries thématiques (shônen, Nana, J-pop, Dofus…) qui sont particulièrement riches et détaillés.

Il existe également une version pour les plus jeunes de la revue : *Animeland Xtra*. À travers des thématiques et une écriture adaptée, les 11-18 ans pourront y retrouver leurs héros préférés et une multitude de conseils.

Enfin est adossé au magazine le site www.animeland.com, où vous pouvez trouver news, extraits multimédias, dossiers inédits et concours. C'et aussi un excellent lieu de discussion où se rencontrent fans et spécialistes.

Hélas, la plupart des revues de manga n'ont pas la longévité d'*Animeland*, et beaucoup ont dû s'arrêter faute de moyens et non de qualité (*Virus manga*, *Magnolia*, *Shogun*…). Nous pouvons tout de même citer quelques nouveaux particulièrement intéressants.

***Coyote mag*** a su maintenir un ton spécifique et amplement reconnu. S'il a su s'ouvrir avec le temps aux différents aspects de la culture japonaise (musique, jeux vidéo…), il n'en demeure pas moins un support de premier plan dans l'analyse et la compréhension du manga. Surtout, il propose régulièrement des prépublications de qualité.

***Made in Japan*** se consacre plus à la culture d'origine japonaise d'une manière générale. Il multiplie les informations croisées sur tout ce qui a rapport avec le Japon : animation, J-pop, culture, drama…

***Planète Japon*** est un trimestriel entièrement dédié à la culture japonaise : société, tendances, histoire, arts, manga, J-music, high-tech, cinéma, cuisine, événements… Il propose, de manière originale, un voyage entre modernisme et traditions à tous les passionnés de Japon.

Pour les plus jeunes, il existe aussi ***Manga kids***, qui parle de tous les héros (de manga ou pas) qui peuvent les intéresser, avec, régulièrement, des jeux et des news amusantes. ***Manga Toys*** est un nouveau venu qui se présente plutôt sous forme de numéro thématique consacré à un personnage (Naruto, Dragon Ball…). ***Planète manga*** présente des reportages et propose régulièrement des posters inédits.

Pour les jeunes filles, nous conseillons également vivement la lecture de ***Japan life style***, qui s'intéresse aux différents aspects de la culture et de la mode féminine au Japon. Un magazine original avec beaucoup d'informations étonnantes et inédites.

## Le manga à la télé

Bien évidemment, le manga à la télé, « c'est pas ça ! ». Mais certaines chaînes se sont spécialisées dans la culture populaire japonaise et présentent, outre des dessins animés, des magazines particulièrement intéressants et « déjantés ».

L'une des plus anciennes chaînes est la **Chaîne manga**. Elle est dirigée par un vrai fan et spécialiste de l'animation japonaise, qui a restauré et retrouvé les versions originales de certains animés. C'est la chaîne des « classiques » et de la nostalgie : *Dragon Ball*, *Ranma 1/2*, *Les Mondes engloutis*, *Ulysse 31*… Avec un magazine quotidien consacré au manga, Actu'Manga, d'une quinzaine de minutes.

**Game one** est la chaîne la plus connue de la « génération digital ». Appartenant maintenant au groupe MTV, elle y croise animés, jeux vidéo, clips, et il est possible d'y trouver des reportages sur le high-tech, le Web… et un site Internet très actif avec plein de news. Grâce à une équipe jeune et dynamique, elle a su tenir sa réputation.

**Nolife** est la petite dernière des chaînes « manga », c'est aussi certainement la plus déjantée. On y trouve de tout… toujours en décalé et avec plein d'humour. Une équipe de passionnés qui vous montre le Japon sous toutes ses coutures et vous emmène dans un véritable délire.

## Internet

Sur Internet, les sites de fans et spécialisés ne manquent pas. Il serait trop long de tous les nommer ici. Ils sont plus ou moins bien et permettent surtout la constitution de communautés plus ou moins restreintes.

Il convient, cependant, de noter l'existence de quatre sites particulièrement riches.

**Manga news** vous informe de toutes les parutions et vous permet de savoir tout sur tout. Surtout, le site comprend des dossiers particulièrement instructifs sur diverses séries (manga-news.com).

**Manga sanctuary** propose des fiches sur les différentes séries, les auteurs… Une encyclopédie Internet sur le manga et l'animation japonaise (manga-sanctuary.com).

**Mangaluxe** est un site d'information complet sur les mangas. Vous trouverez des dossiers et des fiches très détaillés sur les plus populaires d'entre eux sortis en France (mangaluxe.com).

**Shinmanga** tente de proposer des news (actualité manga et animation) tout en produisant un contenu informatif de qualité, recherché sur la pop culture japonaise. Il se présente comme une plate-forme active entre les rédacteurs et les lecteurs (**www.shinmanga.com**).

## Conventions

Comme nous vous l'avons dit, être mangaka consiste aussi à échanger et à communiquer. À cette fin, exposez (et vendez !) vos travaux au sein des conventions spécialisées sur le Japon. Il y en a pratiquement une toutes les semaines en France et certainement une près de chez vous.

La plus célèbre est indéniablement **Japan-Expo**, où vous trouverez de tout et vos stars préférées. Près de cent cinquante mille visiteurs s'y pressent sur quatre jours au parc des expositions de Paris-Nord Villepinte, toujours le premier week-end de juillet.

**Paris manga** est le salon qui monte, avec une ambiance bon enfant et plein de jeux et de découverte. Deux fois par an. **Epitanime** est l'événement de juin de l'école Epita.

À Strasbourg, ne manquez pas **Japan Addict**, en février ; à Nantes, **Japan Style** ; à Lyon, **Japan Touch**... En Suisse, une excellente convention, **Japan Impact**.

Notez également l'**Ankama convention**, spécialisée dans les différentes actions du groupe (Dofus, Wakfu...), qui rassemble de plus en plus de fans et propose des animations originales.

## Manga et détente

Notons enfin le ***Manga café***, un endroit où vous pouvez vous installer juste pour lire des mangas. À votre entière disposition, huit mille mangas, mais aussi boissons à volonté, playstation et Internet. Un moyen de lire vos mangas préférés mais surtout d'en découvrir de nouveaux.

MANGA CAFE

11 *bis*, rue des Carmes

75005 Paris

Dépôt légal : août 2009
IMPRIMÉ EN FRANCE

Achevé d'imprimer le 27 juillet 2009
sur les presses de l'imprimerie « La Source d'Or »
63039 Clermont-Ferrand
Imprimeur n° 10484

Dans le cadre de sa politique de développement durable,
La Source d'Or a été référencée IMPRIM'VERT® par son organisme consulaire de tutelle.
Cet ouvrage est imprimé - pour l'intérieur - sur papier offset « Tauro » 90 g
des papeteries Sappi Fine Paper Europe, répondant à la certification forestière « FSC »
(Forest Stewardship Council - Chain of Custody) N° 40-004 et 40-005
et dont les usines ont obtenu les certifications environnementales
ISO 9001, ISO 14001 et OHSAS 18001.